RIEMANN
VERLAG

Agnieszka Kowaluk

Du bist so deutsch!

Mein Leben in einem Land,
das seine Tugenden nicht mag

RIEMANN
VERLAG

Das für dieses Buch aus 100 % Recyclingfasern hergestellte und mit
dem Blauen Engel ausgezeichnete Papier *Top Recycling Pure*
von Lenzing Papier, Austria, liefert Carl Berberich.

1. Auflage
Originalausgabe
© 2014 Riemann Verlag, München
in der Verlagsgruppe Random House GmbH
Lektorat: Claudia Alt
Satz: EDV-Fotosatz Huber/Verlagsservice G. Pfeifer, Germering
Druck und Bindung: GGP Media GmbH, Pößneck
Printed in Germany
ISBN 978-3-570-50166-5
www.riemann-verlag.de

Für A. und F. – meine Sch'tis

Inhalt

Vorwort

Ich öffne die Balkontür, und an meine Ohren dringt das von Amselgezwitscher untermalte Läuten der Kirchenglocken. Mein Blick fällt auf den für den Kühlschrank zu großen Topf mit Sauerkraut, vom Balkon der Nachbarin weht eine Brise Waschmittelaroma herüber, vermischt mit dem echten Duft der Veilchen im Hof. Eine Kulisse aus Klängen, Gerüchen und Bildern, die ebenso gut eine deutsche sein könnte wie eine polnische. Katholische Kirchen mit ihren Abendmessen haben wir in Polen ebenso viele wie in Deutschland, von Veilchen und Amseln ganz zu schweigen. Dank der Vorzüge des freien Marktes kommt die »Riesenwaschkraft« endlich auch bei uns mit allen Flecken klar, und der Sauerkrauteintopf wurde nach einem polnischen Rezept von mir gekocht.

Wir Deutsche und wir Polen sind uns recht ähnlich. Und wir unterscheiden uns zum Glück, auch wenn nicht immer in den Dingen, von denen wir – auf beiden Seiten der Oder – annehmen, sie seien typisch deutsch oder typisch polnisch.

9

»Sehen heißt abseits stehen. Klar sehen heißt stillstehen. Analysieren heißt fremd sein« – schrieb Fernando Pessoa im *Buch der Unruhe*. Das vorliegende Buch ist keine systematische Analyse Deutschlands und der Deutschen, denn richtig fremd fühle ich mich hier nicht. Auch zum klaren Sehen fehlt mir im Alltag gelegentlich die Geduld des Stillstehens. Aber dass ich ein bisschen abseits stehe, das hat das Ausländerdasein schon an sich. Zum Glück trifft auf mich nicht zu, was der polnische Philosoph Tadeusz Kotarbiński schrieb: »Emigration ist eine Beerdigung, nach der das Leben weitergeht.«

Meine Emigration war kein erzwungenes Verlassen der Heimat, sondern Folge einer stufenweise verlaufenden Infizierung mit der Fremdheit. Am Anfang war der Virus die deutsche Literatur, gefolgt vom ersten physischen Überschreiten der realen deutsch-polnischen Grenze – damals, Ende der achtziger Jahre, keine solche Selbstverständlichkeit wie heute. Danach kam das Zähmen der Fremde durch eine Flucht nach vorn, also durch bewusstes Wahrnehmen dessen, was in beiden Kulturen unterschiedlich und vielleicht inkompatibel ist – ich begann mit dem literarischen Übersetzen, das mehr eine Lebensart ist als ein Beruf. Als eine Variante des Ankommens in der Fremde erwies sich die Mutterwerdung: Als Mutter eines teilweise deutschen Kindes merkt man kaum, wie man einem kleinen Menschen neben der eigenen, der »Ausgangskultur«, auch die deutsche zu vermitteln beginnt. Wen kümmert es schon, dass die deutschen Kinderbuchklassiker mit polnischem Akzent vorgelesen werden.

Als Kulturmittlerin, zu der man als Übersetzerin automatisch wird, bin ich zu einer professionellen Außenseiterin geworden und habe gelernt, genau hinzusehen. Danach, was uns trennt, nach dem »typisch Deutschen« und »typisch Polnischen« zu suchen, aber gleichzeitig nach Möglichkeiten, das eine in das andere zu übersetzen. Das polnische Wort für Übersetzer lautet nämlich *tłumacz*, also einer, der erklärt. Im wahren Leben bewährt sich allerdings die umgekehrte Haltung: über die Unterschiede möglichst hinwegsehen, nicht alles hinterfragen, nicht einmal alles verstehen wollen, kein Deutscher und kein Pole sein wollen, Klischees ignorieren. Wenn ich aus Spaß manchmal zu meiner Tochter »Ach, ihr Deutschen« sage – und das natürlich speziell dann, wenn mir etwas nicht gefällt –, so möchte ich mich kurzfristig von der Funktion der beruflichen wie privaten Deutsche-Versteherin befreien. Einfach mal drauflos typisieren, verallgemeinern und andeuten: Ich habe die Deutschen durchschaut.

»Du bist so deutsch!« – rief mir vor Jahren meine Mitbewohnerin, eine Mazedonierin, zu, als ich am kleinen Fenster unserer studentischen Wohngemeinschaftsküche mein blasses Gesicht in die Märzsonne hielt. Es konnte kaum Ausdruck ihrer Anerkennung für meine gelungene Integration oder gar Assimilation sein, denn es war meine erste Woche in Deutschland. Eher klang es wie die entsetzte Enttäuschung darüber, dass ein panslawisches Ex-Ostblockländer-Bündnis mit mir wohl nicht möglich sein würde. Mit meinem mitteleuropäischen ewigen Hunger nach Sonne war ich zu ihrem Verdruss wie alle Deutschen um uns herum. Meine Mitbewohnerin, deren Freundschaft ich mir mit der Zeit unabhängig von meinem »Verrat« ein wenig verdienen konnte, war nicht die Einzige, für die »deutsch« alles ist, was man von zu Hause anders kennt. Wenn beliebte britische Autoren für beliebte deutsche Frauenzeitschriften Tests wie »Sind Sie typisch deutsch?« ersinnen, so könnten die angebotenen Lösungen genauso gut unter einem Test mit dem Titel »Sind Sie typisch polnisch?« stehen. Gar nicht sicher, ob Mark Twain, hätte er Polnisch gekonnt, nicht meine schöne Muttersprache statt des Deutschen »schrecklich« genannt hätte. Und nicht auszudenken, was die Amerikaner, die den Hang der Deutschen, sich gemütlich von der Außenwelt abzugrenzen, kritisch beobachten, über die polnischen geschlossenen Siedlungen, Gardinen und immer höheren Hecken sagen würden.

Das alles könnte die Deutschen beruhigen. Aber sie analysieren gerne die eigenen, von den anderen attestierten »typisch deutschen« Eigenschaften und sind sehr kritisch mit sich. Zu Themen wie Geburtenrate, Essgewohnheiten, Arbeitsmoral und Bildungsniveau vergleichen sie sich verständlicherweise zunächst mit ihren Nachbarn, also vor allem den Franzosen. Aber auch Briten, Italiener und Russen zählen dazu – auch wenn das eher eine weit gefasste Definition der Nachbarschaft ist –, nur so gut wie nie die Polen. Dabei verbindet uns Polen mit den Deutschen etwas Wichtiges: Wir mögen es, besonders zu sein. Und gleichzeitig wollen wir nichts so sehr, wie als »normal« zu gelten und möglichst gar nicht aufzufallen. Aber beliebt zu sein.

Mit der ihnen eigenen Gründlichkeit führen Deutsche unzählige weltweite Umfragen durch – nach beliebten deutschen Komponisten, Bauwerken, Charaktereigenschaften, kulinarischen Gerichten – und werten fleißig und selbstironisch die

Ergebnisse aus. Wäre ich Deutsche, würde mich aber vor allem die aktuelle Studie der BBC mit meinem Deutsch-Sein versöhnen, nach der Deutschland das weltweit beliebteste Land ist.

Der Katalog der »deutschen Tugenden«, die zunächst nach preußischem, militärischem Drill klingen und vom Ausland immer schon mit einer Mischung aus Bewunderung, Mitleid und Furcht betrachtet wurden, scheint dem Bild des beliebten Deutschen keinen Abbruch zu tun, was viele Deutsche mit leichter Ungläubigkeit zur Kenntnis nehmen. Dass die Deutschen über ihre Eigenheiten abwechselnd grollen und sich lustig machen, auch wenn sie eigentlich als positiv gelten (»pünktlich«, »zuverlässig«, »ordentlich«), zeugt von dem verständlichen, historisch begründeten kritischen Verhältnis zur eigenen Identität. Gleichzeitig sind die weltoffenen und weitgereisten Deutschen, die das schöne Wort »Fernweh« erfunden haben, schon längst kolonisiert von anderen, un-deutschen Tugenden, Lebensstilen, Sprachen. Es ist wie mit einer guten Übersetzung: Die richtig dosierte Mischung aus Vertrautheit und Fremdheit macht einen Übersetzer zum Künstler und das Buch lesenswert.

Wenn mir gelegentlich von deutschen Freunden ein »Du bist so deutsch!« entgegengeschleudert wird, dann ist es, ganz klar, nicht als Kompliment gedacht. Das passiert zumeist in den Momenten, wenn ich ganz spießig auf Pünktlichkeit oder Ordnung bestehe. Es ist die Rache an allen Ausländern dafür, dass sie den deutschen Charakter so häufig auf die Sekundärtugenden reduzieren. Aber ich bin nicht beleidigt. Das Land, das seine deutschen Tugenden nicht mag, ist für viele genau das Land, das man mögen muss, das Deutschland, vor dem man keine

Angst zu haben braucht. Die Welt schätzt die deutschen Tugenden und mag gleichzeitig Deutsche, da sie selbst ein kritisches Verhältnis zu ihnen haben.

Da die deutsch-polnischen Beziehungen nicht immer einfach waren und die gegenseitige Wahrnehmung oft gestört oder kaum vorhanden, falle ich gelegentlich in die Rolle des Postbeamten aus *Willkommen bei den Sch'tis*. Dieser erzählt seiner Frau und seinen südfranzösischen Freunden zu Hause, wie schlimm der Norden des Landes sei, wohin er zwangsversetzt wurde. Er erfindet für sie haarsträubende Geschichten vom dortigen Leben, weil sie die Wahrheit weder hören noch glauben wollen, nämlich, dass der Norden schön und die Herzlichkeit der Menschen einzigartig ist. Klischees sind attraktiv, auch wenn die wahren Geschichten viel spannender sind. Aber manchmal hat man einfach Lust, sie für sich zu behalten und den nach Deutschland fragenden Landsleuten zuzurufen: Fahrt doch selber hin! Es gibt so viele Deutschlands wie Deutsche, und »typisch deutsch« gibt es gar nicht.

Sogar ich habe nicht ein Deutschland, sondern wache täglich in einem neuen auf. Je nach meiner Geduld, meinem Grad der Offenheit, meinem Gesprächspartner und dem Wetter. Deswegen hat dieses Buch nicht den Anspruch zu sagen, wie es wirklich ist. Es entstand aus dem, was ich über Deutschland und Polen, von meinen Deutschen und meinen Polen weiß.

Goethe und Kaffeeklatsch –
die deutsche Sprache

Ohne die Kenntnis der fremden Sprache wirst du niemals das Schweigen des Ausländers verstehen können.

Stanisław Jerzy Lec, Das große Buch der unfrisierten Gedanken

Wo meine Deutschwerdung anfing, weiß ich heute nicht mehr genau. Beim Packen der Reisetasche, als ich nach meinen Studienprüfungen mit einem nur vagen Plan über meine Zukunft, dafür aber mit umso größerer Entschiedenheit in den Zug nach München stieg? Im Deutschunterricht meines Provinz-Gymnasiums? Auf dem Sofa an jenem Sonntag in meiner Kindheit?

Ich war in der ersten Klasse, als mein Vater, um mich zu erheitern, ein deutsches Gedicht, welches er in den fünfziger Jahren in der Schule gelernt hatte, für mich aufsagte und ich es gleich wiederholte. Es handelte von einem gewissen Klaus, der noch in der Schule bleiben musste, während die anderen nach

Hause gehen durften. Der Vierzeiler mit recht unkompliziertem Reim, ein kleines Meisterwerk zur diskreten Veranschaulichung der Deklination bei bestimmten und unbestimmten Artikeln, der wie nebenbei auch in die Geheimnisse der Konjugation und der Personalpronomina einführt, regte irgendwie meine siebenjährige Phantasie an.

Auf dem Tisch steht eine Blume,
in der Bank sitzt unser Klaus.
Klaus, der bleibt noch in der Schule,
und wir gehen schon nach Haus.

Warum musste Klaus dableiben? War das in einer deutschen Schule manchmal so? Würde er alleine nach Hause laufen müssen, und würde seine Mama sich Sorgen machen?

So stark hat mich später nur noch *Die Marquise von O.* mit ihrer Fremdheit beeindruckt, gelesen im ersten Semester meines Warschauer Germanistikstudiums. Geschult an den polnischen Romantikern, die nicht nur Dichter zu sein hatten, sondern auch das politische und ethische Gewissen der Nation, rieb ich in den Pausen zwischen der Lektüre und dem Blättern im Wörterbuch – auf der Suche nach Wörtern wie »Dirne«, »abmüßigen«, »Frevler« oder »Obrist« – meine müden Erstsemesteraugen vor Erstaunen über die Tatsache, dass klassische Literatur auch so sein konnte. Die Gräfin ist schwanger und weiß nicht von wem und seit wann? Sucht per Anzeige in der Zeitung den Kindsvater? Im 18. Jahrhundert? Über allem schwebte eine Atmosphäre, die ich als absolute Novizin in Sachen deutscher Literatur und Geschichte als irgendwie

»richtig« empfand: Krieg, Belagerung, preußische Offiziere, in Ohnmacht fallende Adelsdamen, die bei ihrer ganzen Ratlosigkeit und dem leicht Absurden, das über dem Text schwebte, doch mit einem moralischen Korsett imponierten. Und nicht zuletzt die Zeitung als Schicksalshelferin. Das Bürgerliche, Preußische fand ich später im Kleist-Haus in Frankfurt an der Oder wieder, das ich neben der 1991 neu gegründeten Viadrina–Universität besuchte, der Universität, wo auch Heinrich Kleist studiert hatte.

Kleist. Goethe. Was habe ich mich gefreut, als unsere Tochter Ida aufs Gymnasium kam. Jetzt würden wir am Mittagstisch über die Klassiker reden! Was seinerzeit nicht einfach nur Universitätslektüre und eine sprachliche Herausforderung war, sondern auch meine deutsche Sozialisation, mein Andocken an die große, weite Welt hinter dem Eisernen Vorhang (der zu jener Zeit noch stand, wenn auch recht wackelig) und an die europäische Kultur – das alles sollte jetzt unser täglicher Gesprächsstoff zu Hause werden. So deutsch wie deutsche Klassiker waren für mich während meiner Ausbildung nur noch die deskriptive deutsche Grammatik, meine wunderbar elegante Deutschlektorin aus dem Dresden der Vorkriegszeit und die Schnittmuster aus einem von irgendwoher mitgebrachten Burda-Heft in der Schublade meiner besten Freundin.

Leider hatte ich mich zu früh gefreut. Noch immer warte ich darauf, dass die deutschen Klassiker ein Teil meines deutschen Alltags werden und am Mittagstisch Kleist-Zitate über die Teller mit Erbsensuppe hin und her fliegen. Unsere Achtklässlerin liest für die Deutschstunde eher moderne Jugendbücher, eines pro Schuljahr, wenn überhaupt. Tolle Bücher, über die sie rotbäckig vor Begeisterung erzählt, während die deutschen Klassiker derweil unberührt in unserem Regal stehen und – immerhin – immer häufiger bestaunt werden (»Wir haben *Faust*?«).

Zu meiner Zeit, in meinem Land war das anders. Adam Mickiewicz, den großen Dichterfürsten Polens, musste ich für die Schule lesen. Dass ich ihn immer noch mag, verdanke ich einem klugen Einfall meiner Mutter. Sie hat mir das große polnische Epos *Herr Thaddäus* in den Ferien am See vorgelesen. So ist mir der Text nicht nur als lästige Hausaufgabe in Erinnerung geblieben. Mit etwas Glück und dem Geschick eines guten Polnischlehrers konnte man sich der Fremdheit dieser Texte fast gerne hingeben. Was in unsere Ohren träufelte, war gleichzeitig fremd und vertraut. Es ist kaum anzunehmen, dass mich der Mickiewicz-Dreizehnzeiler mit Paroxyton-Akzent nach der siebten Silbe fürs Leben geprägt hat, aber ziemlich sicher ist, dass ich mich ohne mein damals durch mühsame Pflichtlektüre gefeiltes polnisches Sprachempfinden niemals der Fremdsprache Deutsch hätte zuwenden können, geschweige denn deutsche Gedichte gelesen hätte.

Wie sehr würde ich diese Erfahrung unserer zweisprachigen Tochter gönnen. Die Erfahrung mit den Kinderbüchern, die Ida in beiden Sprachen vorgelesen wurden, oder mit *Harry Potter*, von dem sie einen Band auf Polnisch, einen anderen auf Deutsch las und so auch in den Ferien in Polen mit den anderen mitreden konnte, lässt mich glauben, dass die deutschen Klassiker nicht nur ihr deutsches Sprachempfinden, sondern das polnische gleich mit schulen würden. Wird meine deutsche Tochter Goethe als ihre große Entdeckung heimlich unter der Schulbank lesen, wie ich es früher mit den Mädchen- und

Abenteuerromanen gemacht habe? Ansonsten muss ich ihn ihr beim Picknick am Olympiasee vorlesen, bevor es zu spät ist für die unvoreingenommene Lust auf die Fremdheit der klassischen Sprache. Meinen polnischen Akzent wird sie dabei in Kauf nehmen müssen.

In den ministerialen Empfehlungslisten für deutsche Lehrer finden sich jedenfalls die ganzen wunderbaren Titel von Theodor Storm über Goldoni und Goethe bis Tschechow, inklusive des Tipps, moderne Jugendliteratur im Unterricht verstärkt zu berücksichtigen. Man muss die Jugendlichen da abholen, wo sie sind, wie einer meiner deutschen Lieblingssprüche lautet. Aber wo bringt man sie hin? In die Welt der polnischen Adeligen der Napoleon-Ära wäre ich niemals von alleine geraten, hätte ich mich von Mickiewiczs Sprache nie freiwillig berauschen lassen. Mein Leben ohne diese Lektüre wäre sicher möglich gewesen, aber wie soll man, ohne dass einem die eigene Kultur in den Schulranzen gelegt wird, andere Kulturen schätzen und lieben lernen? An welcher Sprache soll man sich messen, wenn man andere Sprachen lernt?

Auf mein Leben in Deutschland habe ich mich lange vorbereitet, sonst hätte ich mich höchstwahrscheinlich nicht in das deutsche Abenteuer gestürzt. Auch wenn es nicht als Vorbereitung gedacht war. Meine Entscheidung, deutsche Sprache und Literatur zu studieren, hatte in der Zeit vor dem Mauerfall und der Öffnung der Grenzen beinahe etwas von einer Trotzhandlung. Bevor ich hier also eine Familie gründete, habe ich auf einer Bank des Warschauer Łazienki-Parks *Parsifal* gelesen, ich brachte Eichendorff im Lesesaal des Warschauer Instituts für Germanistik hinter mich und morgens um drei Schiller in

Fraktur auf meinem Bett im Studentenwohnheim (hinter dem Lichtschutz aus Bücherregalen und Garderobenständern, um meine Zimmergenossin nicht beim Schlafen zu stören). *Doktor Faustus* führte ich mir auf meiner ersten Frankreichfahrt zu Gemüte, in der Altane des verregneten Parks von Nizza.

Ida müsste gar nicht erst die Sprache lernen, um ihre Erfahrungen mit den deutschen Klassikern zu machen. Sie spricht sie längst besser als ich.

In Deutschland wird nicht wie in den Büchern gesprochen, irgendwie habe ich das auch geahnt. Dass mir bei meinem allerersten Deutschlandaufenthalt – es muss gleich nach dem Semester über Barockliteratur gewesen sein – Grimmelshausen und Gryphius nicht viel nutzten, wenn ich Bettwäsche zu kaufen versuchte, habe ich schnell einsehen müssen. Wie sympathisch waren mir deswegen die Ausführungen von Asfa-Wossen Asserate, der in seinem amüsanten Buch über Deutschland *Draußen nur Kännchen* beschreibt, wie er bei seiner Ankunft in Deutschland erfahren musste, dass sein Deutsch, obwohl von Kindheit an gründlich gelernt, »recht kurios« sei. Wie sehr sprach er mir aus der Seele, als er über seine Verwunderung berichtete, dass im Lande von Goethe und Schiller Sätze wie: »Wie kommt mir ein solcher Glanz in die Hütte?« oder »Drum prüfe, wer sich ewig bindet« nicht zur Alltagssprache gehören.

Deutsche haben ein unermessliches Verständnis für Deutsch-Lernende und deren Schwierigkeiten und sind großzügig im Loben. Das ist ein bisschen wie bei den Polen, denen jeder noch so gestammelte, knisternde und gestockte Satz in ihrer Sprache die Herzen zum Schmelzen bringt. Polnisch ist auch schwierig. Ich fühle mich regelrecht schuldig, wenn ich einem Deutschen meine Sprache beibringe, hat die doch nicht nur eine ziemlich üppige Grammatik und dabei fast nur Ausnahmen, sondern auch eine mörderische Aussprache. Wie ein undurchdringlicher Dschungel muss meine schöne Muttersprache jedem Deutschen vorkommen, denke ich, wo er selber eine Sprache spricht, die eine übersichtliche Grammatik, schlichte vier Deklinationsfälle, klare Regeln und Regelmäßigkeiten selbst bei unregelmäßigen Verben vorweist. Polen beklagen sich fast nie über das Deutsche. Umso leichter schenken Deutsche stets den Angelsachsen Glauben, wie schwierig Deutsch sei, einfach *awful*.

Sie nicken verständnisvoll, wenn Mark Twain sich zum Beispiel über die Genera beschwert. In dieser Sache mag ich ihm sofort recht geben: Der bestimmte Artikel war und ist für die Menschheit überflüssig. Jeder, der Deutsch lernt, hat sich schon mal gefragt, warum das Mädchen keine junge Frau ist, oder, wie Twain schreibt, »warum ein Fräulein kein Geschlecht [hat], wohl aber ein Kürbis. Doch Polen sollten eigentlich die Letzten sein, die sich hier beschweren. Unsere Genera werden nicht mal durch einen Artikel gekennzeichnet, sondern bleiben schön im Wort versteckt. Man muss einfach wissen, dass das Heft männlich ist und die Sonne sächlich, die Tür dafür ausschließlich im Plural steht (Pluraletantum). Doch einfach die Pluralformen zu beherrschen reicht bei uns nicht, man muss wissen, ob man von lebendigen Wesen oder Gegenständen spricht. Im Fall von Menschen macht es überdies einen Unterschied, ob zwei Mädchen unterwegs sind oder zwei Jungen oder vielleicht eine Gruppe von Menschen, in der wenigstens eine Person eines anderen Geschlechts dabei ist. Was ist dagegen der deutsche Plural? Ein Butterbrötchen, wie der Pole sagen würde, *bułka z masłem*, also ein Kinderspiel.

Die Belege zu den Schwierigkeiten der deutschen Sprache bei Mark Twain und vor allem seine Verbesserungsvorschläge finden Deutsche »wunderbar«. »Ich würde […] die üppige, weitschweifige Konstruktion – zusammenrücken; die ewige Parenthese unterdrücken, abschaffen, vernichten; die Einführung von mehr als dreizehn Subjekten in einen Satz verbieten; das Zeitwort so weit nach vorne rücken, bis man es ohne Fernrohr entdecken kann. […] Dann werden Sie […] wenigstens selber verstehen, was Sie gesagt haben.« Als Deutsch-Lernender muss man auch Twains Ausführungen zur Deklination der Adjektive gut finden. Ja, die Tabellen mit den vielen »-en« am Ende wirken schon erschreckend. Im Polnischen, wie in allen slawischen Sprachen, muss man jedoch, bevor man den Satz bastelt, zusätzlich wissen, ob das Substantiv männlich oder weiblich ist. Dabei beschränkt sich das Deutsche freundlicherweise nur auf vier Fälle, durch welche die Artikel gebeugt werden, und das Substantiv bleibt größtenteils unverändert. Und hat Mark Twain je die Deklinationstabellen des Lateinischen, der Mutter aller neuen Sprachen, gesehen?

Auch muss der Polnisch Lernende etwas mehr Anlauf beim Deklinieren nehmen, da diese Sprache mit sieben Fällen arbeitet. Das mit den sieben Fällen und dem Plural bei »Tür« erzähle ich nie denjenigen deutschen Freunden, die nur »ein bisschen Polnisch« lernen möchten. Sie werden es noch rechtzeitig entdecken. Und ich werde ihnen beistehen. Beim Pauken müssen sie zwar selbst durch, aber im Bereich Motivation sowie »Land und Kultur« sind meine Hilfestellungen zuverlässig und erstrecken sich hin bis zum Versorgen mit polnischem Bier und Salzgurken. Nur in einem einzigen Fall musste ich mit meinen Methoden einen Rückschlag erleben. Meine bereits bestens mit polnischer Ware und guten Ratschlägen zum Einprägen der polnischen Ausnahmen in der Deklination der männlichen unbelebten Gegenstände versorgte Freundin gestand mir, dass sie trotz unserer Freundschaft und ihrer Liebe zu meinem Land Polnisch soeben verworfen und sich der chinesischen Sprache zugewandt hatte. In Mandarin würde sie nämlich vorankommen. Das sagte sie und verschwand für fünf Wochen nach China, wo sie bestens – und ohne ein einziges Wort Englisch zu sprechen – zurechtkam.

Ein chinesischer Freund von mir, der schon wirklich lange in Deutschland lebt, verdiente als Student in den bewegten neunziger Jahren als Fremdenführer in Potsdam sein Geld, wo ich ihn einmal zufällig traf. Sein Deutsch war damals schon akzentfrei, was mir aber noch mehr imponierte, war sein Wissen um eine vor Kurzem noch fremde Stadt und die Tatsache, dass er mich in fließendem Polnisch begrüßte. Wir hatten uns eine Weile aus den Augen verloren, so wusste ich nicht, dass er einige Zeit mit einer Polin zusammen gewesen war. Das war zumindest die knappe Erklärung, die er mir auf meine begeisterte Bemerkung (»Du sprichst ja Polnisch!«) gab. Und nur zur Ergänzung, als meine Komplimente kein Ende nehmen wollten, murmelte er nebenbei: »Ich habe ja schon Deutsch gekonnt.« Für einen Chinesen sind Polnisch und Deutsch so etwas wie Dialekte einer paneuropäischen Sprache.

Aus seiner Perspektive ist die Tatsache, dass Deutsch, wie Englisch, eine germanische Sprache ist, Polnisch aber eine slawische, ein Klacks. Dabei ist Englisch seinen eigenen Weg gegangen, oder wie Adam Fletcher in *Wie man Deutscher wird* schreibt: »[Es] wurde immer wieder gezwungen, Brücken über die kulturellen und sprachlichen Abgründe zu bauen, die zwischen uns und Ländern lagen, die wir gerade eroberten (Entschuldigung, *kolonisierten*). Mit der Zeit mussten wir die Ecken und Kanten des Englischen abschleifen […] Wir schmissen alles Schwierige raus.« Deutsch dagegen (Fletcher: »Die Deutschen [waren] trotz allen ernsthaften Bemühungen in Sachen Weltherrschaft nie so erfolgreich.«) behielt genauso wie das Polnische und andere slawische Sprachen seine im Lateinischen verwurzelte Grammatik, weswegen wir Mitteleuropäer beim Erlernen einer Fremdsprache schon hier und da mit den Zähnen knirschen, grundsätzlich aber mit Begriffen wie »dritter Fall«, »Adjektivendung« oder »Aspekt des Verbs« etwas anfangen und uns das Leben etwas leichter machen können. Dagegen ist das reine Wortschatzlernen – mögen noch so viele Konsonanten in ungewöhnlichen Konstellationen aufeinandertreffen – ein Butterbrötchen.

Die Sprache von Luther, Wittgenstein und Heidegger, deren Übersetzung in andere Sprachen, ins Polnische zum Beispiel, eine Kunst und Wissenschaft an sich darstellt, der sich die hellsten Köpfe unter den Germanisten und Philosophen mit Leidenschaft widmen, begeistert die Welt auch mit Wörtern, die an Präzision nicht zu überbieten sind und deren Konstruktionsweise trotzdem verblüffend simpel ist. Um komplizierte Sachverhalte auszudrücken, muss man nur alle Begriffe, die einem zu dem Thema einfallen, in eine Reihe stellen, nach dem Rang der Wichtigkeit, wobei das wichtigste Wort ganz hinten zu warten hat, wie »Verbot« bei Mittelstreckenraketenverbreitungsverbot oder »Gesetz« bei Rindfleischetikettierungsüberwachungsaufgabenübertragungsgesetz. Das erste lernte ich zur Abhärtung gleich bei einem der ersten Vorträge im Fach deskriptive Grammatik an der Uni, das zweite war der Gewinner des Wettbewerbs um das längste deutsche Wort. Leider steht es nicht mehr im Duden.

Deutsche Medien berichteten dafür voll Begeisterung von dem türkischen Wort »yakamoz«, welches 2007 zum schönsten internationalen Wort gewählt wurde und welches »Mond, der sich im Wasser spiegelt« bedeutet. Aber auch die deutsche Sprache hat diese kleinen Wörtchen, die ganze Welten beinhalten. Raffinierte kleine Ausdrücke, die erst in der Übersetzung zeigen, was sie können, wobei man sich nie sicher sein kann, dass sie, sogar korrekt übersetzt, genau dasselbe bedeuten.

Nehmen wir das Wort »rausfahren«, aber nicht im Sinne »etwas aus der Garage herausfahren«, sondern wie in »Wollen wir morgen rausfahren?«. Was eine polnische Familie bei ihrem Wochenendfrühstück umständlich mit Ausdrücken wiedergeben müsste wie: »die Stadt in Richtung eines schönen mehr oder weniger entfernten und nicht bestimmten Ortes, am besten etwas abseits der Zivilisation, verlassen und erst am Abend wiederkommen«, nennt eine deutsche schlicht »rausfahren«. Oder: »Kurz mal weg sein.« Bedeutet »Ich bin kurz weg«, dass man eine Zeit lang nicht hier ist, sondern woanders? Aber wo? Dort, wo gar nichts ist? Oder »da sein«. Was heißt das im Lande Heideggers? »Da«, also »hier«? Für länger oder nur einen Augenblick? Überhaupt sein? Auch die urdeutschen Wörter wie »doch« oder das bairische »gell« kann man übersetzen. Aber ob man mit einem schlichten »aber ja« oder »nicht wahr« der Wucht des Widerspruchs (welche im Wörtchen »doch« steckt) und dem versöhnlichen oder ironischen Sich-Vergewissern (»gell?«) gerecht wird – na, ich weiß nicht.

Auf der Fahrt nach Kroatien, dem Land mit seiner wohltuenden Mischung aus Slawentum, K.-u.-k.-Welt und mediterranem Flair, fungiere ich, wie so oft im Kreise meiner internationalen Familie, als Dolmetscherin. Von meiner Schwester werde ich vorgeschickt, um nach Weg, Zimmer, Fisch oder Wein zu fragen, bis ich ihr klarmachen kann, dass ich überall deswegen so gut vorankomme, weil ich mein gewöhnlichstes Polnisch benutze, das in den Ländern des Balkans bestens verstanden wird. Und doch fühle ich mich, als wir auf dem Rückweg die österreichische Grenze passieren und später beim Gemüsekaufen auf dem Markt von Graz, als würde ich nach Hause kommen. Deutsch ist eine meiner Sprachen geworden.

Doch anders als im Polnischen, wo Dialektunterschiede deutlich weniger ausgeprägt sind, gibt es Deutscharten, die mir wie eine Fremdsprache vorkommen. Dabei spreche ich selber ein Deutsch, das den Deutschen wie eine Variante von Esperanto vorkommen muss. Das nehmen sie mal mehr, mal weniger locker. Wenn ich früher nach »Brötchen« statt »Semmeln« verlangte, konnte es schon passieren, das der Bäcker in der allerbesten Münchner Grantler-Laune seinem Staunen Ausdruck verlieh: »Wos soi des sei?« Und nicht dass ich mich habe einschüchtern lassen, aber heute kaufe ich Semmeln, ich bilde mir sogar ein, dass sie anders als Brötchen schmecken. Würschtl aber würde ich niemals hinunterschlucken oder Glühwein aus einem Haferl trinken – so weit reicht meine Integrationsfreude auch wieder nicht. Was wäre außerdem der bairische Dialekt, wenn jeder ihn sich aneignete? Erst wenn man Bairisch den Bayern, Schwäbisch den Schwaben und das Berlinern den Berlinern lässt, macht es Spaß, sonst ist alles zu sehr verwurschtelt.

Deutsch ist geräumig und dehnungsfähig. Nicht nur kann man alles in einen deutschen Satz hineinpacken, solange man das Präfix des trennbaren Verbs, welches man zuvor getrennt hat, oder das Verb selbst, nicht am Ende vergisst. Mark Twain hat dazu anzumerken: »[Schiller] hat die ganze Geschichte des Dreißigjährigen Krieges zwischen die zwei Glieder eines trennbaren Zeitwortes eingezwängt.« Logisch, das geht.

Aber Deutsch ist nicht nur dehnbar, wenn es um die Länge der Sätze geht, sondern auch darum, das Nicht-Deutsche hereinzulassen und es zu Eigenem zu machen. Nirgendwo auf der Welt wird so viel übersetzt wie in Deutschland. Jedes zweite belletristische Buch, das hier verlegt wird, ist ursprünglich in einer anderen Weltsprache entstanden. Mit gutem Beispiel, das gleich auch zu einem Bestseller der »Weltliteratur« wurde, ist Martin Luther mit der Bibel vorangegangen.

Deutsche Redakteure staunen manchmal nicht schlecht, wenn sie die polnische Übersetzung eines deutschen Textes zu sehen bekommen. Neulich erreichte mich der Anruf einer befreundeten Verlegerin, die wissen wollte, ob es sein könne, dass der ihr vorliegende polnische Text um ein Drittel länger sei als das deutsche Original. Ja, es kann sein. Polen verstehen es, aus denselben Buchstaben des lateinischen Alphabets etwas längere Wörter und Sätze zu bauen. Allein die viel gefürchteten knisternden Konsonanten müssen wir irgendwo unterbringen. Außerdem haben unsere Nomen prächtige Deklinationsendungen, und wenn man bedenkt, dass wir sieben Deklinationsfälle brauchen, um uns auszudrücken, dann weiß man, dass das alles seinen Platz braucht. Außerdem sind unsere Wörter nicht so effizient wie die deutschen. Erst jahrelanges Training brachte mich endlich dazu, »herausgehen« und »hinausgehen« auseinanderzuhalten. Die stolze polnische Sprache sieht hierfür zwei gänzlich unterschiedliche Begriffe vor, mit einem kurzen Präfix ist es bei uns nicht getan.

Und was die Bereiche der Emotionen und Gefühle anbelangt, so kennen wir einfach generell mehr Wörter. Von den Höflichkeitsformeln und Begrüßungs- und Abschiedsformen ganz zu schweigen. Der Kabarettist Steffen Möller, der viele Jahre in Warschau wohnte und als der »deutsche Gastarbeiter« die Herzen vieler Polen im Sturm eroberte, macht in seinem auf beiden Seiten der Oder erfolgreichen Buch *Viva Polonia* auf die polnischen Abschiedsrituale aufmerksam (»Ich plane immer drei Stunden für einen Besuch: eine im Wohnzimmer, zwei im Flur.«) und warnt deutsche Geschäftsreisende und Touristen: »In Polen könnte man theoretisch einfach *Cześć* (Tschüss) sagen. […] Doch in der Praxis würde kein Pole das tun. Es klänge für einen Gesprächspartner nämlich fürchterlich kalt und herzlos. Tschüss – und weiter nix?« Und Möller gibt ein Beispiel einer Verabschiedung, die länger dauert als das vorangegangene Gespräch: »Was, du rufst vom Handy an, leg schnell auf, ich rufe vom Festnetz zurück. Also dann, bis gleich, halte dich wacker, mach's gut, ich drücke dich, ich küsse dich, auf Wiederhören, du kleine süße Bakterie, auf Wiedersehen, bis bald, tschüss. Hej! Pa!« Wenn er diese Stelle auf der Bühne vorträgt, krümmt sich das Publikum vor Lachen. Dabei ist es eine völlig normale Sache.

Deutsch spart nicht nur bei den Höflichkeitsformen, sondern ist auch bei vielen Namen recht zurückhaltend. Freilich werden auch in anderen Sprachen gerne Abkürzungen verwendet, doch nirgendwo sind sie so klangvoll und können so geschickt normale Wörter simulieren: »Hanuta«, »Haribo«, »Antifa«. Mein Liebling ist »Kita«, vielleicht weil ich jemanden kenne, der mit Vornamen so heißt. Höre ich »Komm, wir gehen zur Kita«, stelle ich mir vor, wie meine Bekannte alle Kinder der Stadt betreut.

Christian Kracht stellt in *Faserland* die Theorie auf, dass der »Abkürzungswahn« der deutschen Sprache in der Nazizeit seinen Anfang hatte. Tatsächlich ist für mich, wie für alle Kinder meiner Generation, die Kriegsfilme geguckt haben, das Wort »Gestapo« ein in seiner Unverständlichkeit bedrohliches Wort gewesen. Und ich kann mich gut an die Zeit erinnern, in der ich zusammen mit meiner Generation schnell umlernen musste, dass Länder wie DDR (polnisch NRD) und BRD (polnisch RFN) fortan »Deutschland« ergeben sollen. Die unbekannten, unbesuchten Länder mit Namen, die bestenfalls an Parteibezeichnungen erinnerten und uns dadurch nicht ganz real erschienen, ergaben nach 1989 einen Staat, den man sich als Nachbar mit einem vollen Namen besser vorstellen konnte.

Wie durch ein Wunder beinhaltet weder mein Vor- noch mein Nachname diakritische Zeichen, die den Deutschen ein

Graus sind, keine »Schwänzchen« und »Strichlein«. Dagegen tun mir die Malgorzatas, Grazynas und Pawels, die eigentlich Małgorzata, Grażyna und Paweł heißen, in Deutschland leid. Ich weiß nicht, wo das Problem liegt, könnte man es doch bequem mit einem Klick auf der Tastatur beheben. Niemandem fällt ein, französische Namen derartig zu entfremden, es wird auf jedes noch so kleine Strichlein geachtet. Genauso wie auf jeden noch so kleinen Punkt im Ungarischen und Türkischen. Gut so, schließlich wäre der sympathische und dazu gut aussehende Sternekoch Ali Güngörmüş als Ali Gungormus eine andere Person. Und würde man in Mario Gotze den Fußballer erkennen?

Ich möchte unbedingt, dass auch Polen zu dem exklusiven Club gehört. Dass die Deutschen ihre Zungen und ihre Tastaturen wie in anderen Sprachen auch im Polnischen verrenken. Dass sie mit den polnischen Schwänzchen, Punkten und Strichlein nicht so sparsam umgehen. Im Gegenzug würde ich mein Bestes tun, in meiner Heimat zu verbreiten, dass das beliebte Frühstück der Polen gar nicht »Musli« heißt und der Exkanzler nicht Gerhard »Schredder« (wohl die Rache der polnischen Fernsehmoderatoren für den Ohrenschmerzen bereitenden Lech »Walesa« statt Wałęsa), und würde einiges auf mich nehmen, damit Erich Kästner nicht mehr – selbst in Verlegerkreisen – als Erich Kastner herumgeistert.

In der bekannten Anekdote beklagt sich der französische Maler Degas, der sich gerade im Schreiben versucht, dass er Schwierigkeiten mit seinem Gedicht hat. Er habe zu viele Ideen, Gefühle, Empfindungen. Darauf Mallarmé, der Dichter:

»Aber mein lieber Degas, Poesie macht man nicht mit alldem. Poesie macht man mit Worten.« Alles präzise auszudrücken, für alles Worte zu finden – das ist die Spezialität der Deutschen. Es wird auch präzise darüber gesprochen, worüber man woanders vielleicht ein kleines Witzchen machen oder es leichtfüßig übergehen würde. In Deutschland finden »Ideen und Gefühle« ihren Ausdruck. Es werden klare Fragen gestellt und klare Antworten erwartet. Manche nennen es auch Direktheit, die berühmte deutsche Direktheit. Und worüber man nicht sprechen kann, das gibt es nicht.

Am Anfang meines Deutschlandabenteuers, in der Phase, wo ich mich über das Ritual des Kaffeeklatschs noch lustig gemacht habe und weder Kaffee noch Kuchen am Sonntag haben wollte (dafür jeden Tag der Woche für einen Döner zu haben war), hörte ich ab und zu mal: »Du sagst ja nichts.« Oder: »Erzähl doch mal was.« Wie neu das war. Erstens, dass man über alles sprach und zum Sprechen ermuntert wurde. Zweitens, dass dies eine Art Freundschaftsbeweis darstellte. Und dass man nur ist, wenn man kommuniziert. Und man nicht nur dann kommuniziert, wenn man das unüberwindbare Bedürfnis nach Mitteilung verspürt, sondern dass Kommunikation eine Art Anstrengung und Form der Aufmerksamkeit ist.

Klar, ich war neu, zugezogen, woher sollten die Leute denn wissen, was ich denke, wenn ich es nicht sagte. Und doch war ich verwundert, dass man manche Dinge nicht einfach weiß, dass man sie aus meinem Gemüt, Gesichtsausdruck, dem Schatten um die Augen nicht lesen kann. Selbst mit den Menschen, die mir von Anfang an sympathisch und vertraut schienen, musste ich eine Basis aus Worten schaffen. Die slawische

Seele bedurfte einer Fassung aus Worten. Ich lernte mit der Zeit nicht nur präziseres Deutsch, sondern auch über Sachen zu reden, die früher selbstverständlich für mich waren oder einfach nur langweilig, und merkte, dass Begegnungen oft damit besiegelt wurden: mit dem Austausch scheinbar allen bekannter Tatsachen. Und die Sache hat sich mit der Zeit als raffinierter entpuppt als gedacht. Denn es galt, aus scheinbar überflüssigen Begrüßungs-, Frage-, Kommentierungsfloskeln herauszuhören, wie wichtig oder unwichtig man einander war, wie seelenverwandt, in welchem Grade bereit, sich aufeinander einzulassen. Ich lernte, dass es beim Kaffeeklatsch keineswegs nur um das Trinken von Kaffee geht, sondern auch um das Aufeinanderzugehen und gemeinsames Terrain-Abstecken oder freundliches Auf-Distanz-Gehen.

Als ich dann mein Deutsch diesbezüglich etwas trimmte (dazu braucht man kein Lehr- und kein Wörterbuch, dafür richtig viel Kaffee) und lernte, dass sich selbst aus neutralen Gesprächen wertvolle Inspirationen ergeben konnten, ohne dass man gleich über Philosophie oder deutsche Klassik reden musste, stellte ich fest, dass es eine weitere Stufe der Kommunikation gab. Und hier geriet mein immer noch im Aufbau befindliches Deutsch gelegentlich ins Straucheln, denn mein Gemüt sträubte sich gegen die Praxis. Was erwidert man beim Wandern durch eine schöne Landschaft auf die Frage: »Ist doch schön hier, oder?« Ein »Mhm«? Oder was sagt man, wenn der Satz mit keinem »oder« (bairische Variante: »Ist schön hier, gell?«) endet, sondern nur als eine Art Stempel benutzt wird, um die Schönheit des Tages, der Natur, des Miteinanders zu bestätigen? Reicht hier ein »Mhm«? Oder soll man sich nicht so viel den Kopf zerbrechen, auf die Präzision pfeifen, sich um das womöglich unvollkommene Deutsch gar nicht kümmern und es mit Mark Twain halten: »Nun liegt der wahre Reiz des Wanderns nicht im Gehen oder in der Landschaft, sondern in der Unterhaltung. Das Gehen ist gut – es schlägt den Takt für die Bewegung der Zunge; die Landschaft und die Waldesdüfte sind nützlich [...]; aber den größten Genuss gewährt die Unterhaltung. Es ist ganz gleichgültig, ob man Weisheit von sich gibt oder Blödsinn redet, in jedem Fall liegt das Hauptvergnügen im fröhlichen Wackeln der Kinnlade und im teilnehmenden Spitzen der Ohren.«

Und wenn ich heute in den Alpen überwältigt von der Natur Sachen sage wie: »Boah, ist das schön hier!«, dann weniger aus einem Bedürfnis, meiner Begeisterung Ausdruck zu verleihen, sondern als Ausdruck der Tatsache, dass ich es kapiert habe. Wir genießen den Tag, die Natur und das Miteinander. Mehr Worte braucht es dafür nicht, doch ganz ohne geht es auch nicht. Sie bilden ein Wandernetz, ein Zubehör wie Wanderschuhe oder Stöcke. Ich kann von mir behaupten, dass ich Deutsch erst kann, seit ich ein »Mhm« an richtiger Stelle einzuwerfen weiß.

Schweinebacke und Erdbeeren – vom Sparen und Konsumieren

Meine polnische Freundin schickte uns eine dieser lustigen Karten mit einem Spruch darauf. Es ging ums Sparen: »Du legst die ganze Zeit für einen Lamborghini und für ein iPhone was zur Seite und plötzlich: bam! ... du hältst es nicht aus und kaufst dir ein Snickers und eine Cola.«

Wenn ich Deutsche für etwas bewundere, dann ist es deren rationaler Umgang mit Geld und anderen Gütern, auch den immateriellen, und ihre Fähigkeit zur Selbstbeschränkung. Deutsche Sparsamkeit hat nichts mit Geiz zu tun, sie ist eine Grundhaltung. Der Journalist Peter Zudeick behauptet: »Alle Deutschen eint eine gleichsam angeborene Abneigung gegen Verschwendung und andere Ausschweifungen. Buchstäblich und im übertragenen Sinne. Verschwendung, das ist wieder so was Südländisches, Unzuverlässiges.« Deutsche verachten Luxus und misstrauen ihm. Einer EU-Studie zufolge sind die Deutschen die sparsamsten Verbraucher der Union. Wie überraschend. Jeder denkt so über Deutsche, sogar sie selber, und jeder wird das sofort bestätigen, der wie ich neulich eine Kundin sah, die ein einziges Ei kaufte. Man kauft 1 Ei, wenn man ein Ei braucht, was soll daran ungewöhnlich sein? Vielleicht hatte die junge Frau einen defekten Kühlschrank. Oder in einem Rezept, welches sie gerade nachkochte, war von »einem Ei« die Rede; die Deutschen sind schließlich nicht nur für ihre Sparsamkeit, sondern auch für ihre Genauigkeit bekannt. Mein Eierfach im Kühlschrank ist jedenfalls gefüllt, ich muss schließlich jederzeit auf unerwartetes Pfannkuchenbacken vorbereitet sein. Das heißt, ich besitze ganze sechs Eier. Was meine zu Besuch weilende und uns gerne bekochende Mutter jedes Mal beim besorgten Blick in unseren Kühlschrank veranlasst, mich zum Eierkauf zu schicken, meine wären nämlich alle. Bei ihr liegen im Kühlschrank oft dreißig Eier, niemals aber weniger als zwanzig, auf dem Wochenmarkt besorgt und von bester Qualität. Diesen Hamster- und Organisiertrieb der Hausfrauen, die im real existierenden Sozialismus zusehen mussten, ihre Familien sattzubekommen, habe ich mir zum Glück nie antrainiert. Ich kann mir auch deswegen rational die Entscheidung eines Kunden erklären, der neulich im Gemüseladen exakt sechs Spargel verlangte. Aber bevor ich mir vorstellen konnte, wie er diese zubereitet und für wen (für ihn und seine Frau – jeder drei Stück, dazu Kartoffeln – wie viele? – und vermutlich Kochschinken, freilich eine köstliche Mahlzeit), tauschte ich schon verstohlene, verschmitzte Blicke mit dem türkischen Verkäufer. Sechs Spargel. Und zwei Radieschen als Vorspeise?

Ich habe großen Respekt vor der Sparsamkeit der Deutschen, ganz zu schweigen von ihrer Exaktheit, und werfe selber
nie, niemals! Lebensmittel weg. Und ich möchte unbedingt
diesen Grad der Gewissheit erreichen, in dem man so genau
weiß, auf wie viele Spargel man Lust haben wird. Oder wie viele Kartoffeln man bereit ist zu verputzen. Gleichwohl ich die
Anekdote über das Abzählen der Kartoffeln für Gäste doch für
eine *urban legend* halte.

Andererseits lehren einen schon die Münchner Lebensmit-
telpreise Bescheidenheit und treiben einem angeborene Neigungen zur Verschwendung aus. In meiner Brust wohnen
mittlerweile zwei Seelen. Die slawische, auf Genuss und Verprassen programmiert, und die germanische, die Verschwendung verabscheut und auf das Preis-Leistungs-Verhältnis ach-
tet. Da wir zeitweise in drei verschiedenen Ländern wohnen,
haben meine Mutter, meine Schwester und ich die Angewohnheit, uns per E-Mail und Skype gegenseitig über unser Essverhalten zu informieren, über unsere Einkäufe und die kulinarischen Erfolge (»Was sind das für Stückchen in deiner
Gorgonzolasoße?«). Nie war transnationales Kochen so einfach wie heute. Im vergangenen Juni erhielt ich enthusiastische
Bilder mit prächtigen Erdbeeren im Flechtkorb. »Ich esse keine«, schreibe ich meiner Schwester zurück, »zu teuer.« Es ist
eine Art Protest, in dem ich seit Jahren verharre: Ich kaufe in
München keine Erdbeeren, danke. Selbst im teuren Warschau
kann man zum Preis von einem Münchner Plastikschälchen in
der Größe eines Brillenetuis einen ganzen Korb davon erwer-
ben. Anders als korbweise werden sie auf städtischen Märkten
gar nicht angeboten. Bin ich im Frühsommer in Polen, stopfe

ich mich bis knapp vor einer Vitaminvergiftung mit ihnen voll. Tomaten kaufe ich im August kofferraumweise. Knoblauch in ganzen Zöpfen. So oder gar nicht. Ich führe einen privaten Obst- und Gemüsekrieg, auch wenn es für die EU-Wirtschaft wohl kaum ins Gewicht fällt. Manchmal vergesse ich in Deutschland die Preise, und mit osteuropäischem Schwung fange ich an, Papier- und Plastiktüten zu füllen. »Noch eine Handvoll bitte.« Der Verkäufer schaut freudig-misstrauisch beim Abwiegen der Wildkräuter, ob ich weiß, wie viel Euro eine Handvoll wert ist. Am liebsten würde ich sowieso – wie die in den achtziger Jahren frisch aus Moskau eingetroffene und ihren ersten, schnellen Einkauf auf dem Viktualienmarkt erledigende Dame aus der wahren Anekdote meiner Freundin – von allem immer einfach »ein Kilo« ordern. Erdbeeren in lächerlichen kleinen Schälchen nicht zu kaufen ist für mich auch eine Entscheidung ästhetischer Natur. Wie praktisch, dass unsere Tochter sowieso eine Erdbeerallergie hat.

Laut besagter EU-Studie sind die Deutschen nicht nur die Sparsamsten, sondern auch die Preisbewusstesten beim Einkaufen. 55 Prozent würden auch bei kleinen Preisen vergleichen. Die Fälle dieses Verhaltens sind mir wohl bekannt. Wenn man sie am Ende auch nicht gerade für Beweise der Sparsamkeit halten kann. Zum Beispiel die Szene aus Loriots *Papa ante portas*, in der Herr Lohse, von seiner Frau zum ersten Mal zu Besorgungen geschickt, ein Glas Senf kaufen möchte und nach Mengenrabatt fragt. Den bekommt er tatsächlich, da er eine ganze Palette davon nach Hause bestellt. Loriot hat nur ein bisschen übertrieben, ich kenne auch im richtigen Leben ausgefuchste deutsche Shopper, die nur deswegen zwei Fahrradschlösser kaufen, da diese so zu einem geringeren Preis pro Stück zu haben sind.

Deutsche sehen Sparen als Sport. Das würde ein weiteres Ergebnis der erwähnten vergleichenden Studie auch erklären, das eine kleine weltanschauliche Sensation ist. Die auf jeden Euro schauenden Deutschen, die nichtverschwenderischen, das sich zurückhaltenden Deutschen sind die mit Abstand zufriedenste Nation in Europa. Und das, obwohl sie ihr Land in einem »Abwärtstrend sehen« und sich permanent in einer Stimmung befinden, die man als »skeptische Zufriedenheit« bezeichnet. Zufrieden seien auch die Briten und die Polen, sagt die Studie. Doch wie anders ist ihr Konsumverhalten: Während bei den Deutschen das Glücksgefühl umgekehrt proportional zum Geldausgeben steigt, konsumieren die Briten am meisten von allen Europäern. Und die Polen haben dabei die meiste Freude.

Ich kann bestätigen: Polen konsumieren gerne. Es braucht keine soziologischen Abhandlungen, um zu sehen, dass sie immer noch mit Wonne Jahrzehnte der Mangelwirtschaft abreagieren. So kaufen sie mit geradezu mustergültigem Eifer nicht nur ihre Lebensmittel kiloweise – Preisangaben pro Gramm sind in Polen unbekannt –, sondern auch deutsche Autos, inklusive der großen, teuren Modelle. Und zwar zu Preisen, die doppelt so hoch sind wie in den USA. Kein Problem. Freilich können sich das nicht alle Polen leisten. Die anderen kaufen trotzdem deutsche Autos, gebraucht. Sie gelangen oft im Schrottzustand nach Polen und werden hier repariert. Kein Problem. Die neuen und die alten Fahrzeuge landen dann nebeneinander im selben Stau. In beiden Fällen, als zügellose

Konsumenten und als Nachhaltigkeit Praktizierende, erweisen sich Polen als gute Europäer und Nachbarn. Schließlich muss Deutschland seine Produkte exportieren. Deutsche konsumieren vielleicht nicht gerne, produzieren aber umso lieber. Sie mögen in der Postkonsum-Phase angekommen sein, Exportweltmeister sind sie geblieben.

Und weil sie von allem so viel haben, aber gar nicht so viel haben wollen, und schon gar nicht in der alten Ausführung, müssen sie schauen, wo sie ihre alten Sachen unterbringen können. Das mit den Autos erledigen wir Polen, gebrauchte Elektrogeräte werden nach Afrika verschifft. Dort zupfen Kinder Kupferdrähte aus alten deutschen Computerkabeln, um sie zu verscherbeln und so ihr Mittagessen zu verdienen. Sie arbeiten oft in stinkenden, giftigen Rauchwolken; wer Bilder davon gesehen hat, lässt seinen Laptop zum dritten Mal reparieren, bevor er sich zum Kauf eines neuen entschließt.

Nachhaltiges Denken sehen Deutsche gerne als ihr nationales Patent. Nirgendwo gibt es so viele Umweltaktivisten, Wertstoffhöfe und bunte Altmetall- und Altflaschencontainer wie in Deutschland, für jede Farbe einen eigenen. Sehe ich etwa in Italien eine Weinflasche oder eine zerknüllte Zeitung im normalen Abfall, blutet mein germanisiertes Herz.

In Polen indes kann ich mich nicht mehr so leicht als Apostel des Umweltschutzes austoben. Denn erstens kann es mir dann passieren, dass ich von meiner Familie höflich daran erinnert werde, wie ich schon als Kind, also in Zeiten, als es in Deutschland das Wort »Recycling« noch gar nicht gab, Blechdosen, Papier und Flaschen gesondert an speziellen Sammelstellen abgeben musste. Zweitens muss ich zugeben, dass die neuen polnischen »Müllgesetze« beeindruckend sind und jede grüne Partei mit freudigem Stolz erfüllen würde. Und drittens, weil man mit dem Aufruf zur Beschränkung in einem Land, wo längst nicht alle in den Genuss von Wohlstand gekommen sind, vorsichtiger sein muss und auch, weil viele aus Not sowieso nach den strengsten Umweltschutzprinzipien leben. Sie fahren nicht Auto, sondern Bus, kaufen Fleisch höchstens einmal die Woche und produzieren kaum Plastikmüll – es sind Menschen, die sich anderes nicht leisten können, sie werden Verlierer des Wandels genannt, es sind nicht wenige. Sie kaufen auch zwei Tomaten und eher gar keinen Spargel, aber darüber schmunzele ich nicht.

Das deutsche Wirtschaftswunder lässt sich nicht so leicht kopieren, auch weil man heute den Platz auf der Erde mit mehr Menschen als in früheren Zeiten teilen muss und weil man mehr über die Auswirkungen des zügellosen Konsums weiß. Das »Müllgesetz« kam in Polen, als schon unzählige Plastiktüten durch die polnischen Wälder wehten, wenn auch längst nicht so viele, wie sie jahrzehntelang in deutsche Kunststoff-Container gestopft wurden. Wenn ich heute die Einkaufstüten aus grauem Papier als Ausdruck des Öko-Bewusstseins meiner Münchner Mitmenschen bewundere, so muss ich zugeben, dass sie insgesamt in meinem Heimatland länger im Einsatz waren, aus Mangel an wunderschönen Plastiktüten, die wir Kinder gesammelt haben, sobald sie jemand aus dem Westen mitgebracht hatte. Und die mindestens genauso wichtig wie der Inhalt waren und natürlich lange noch benutzt wurden, bis die Werbung darauf zur Unkenntlichkeit abgescheuert war.

Von nichts träumten Menschen im Ostblock so sehr wie vom »normalen Leben«. Sichtbare Zeichen eines normalen Lebens, das waren für einen Teenager zum Beispiel die Schnittmuster aus deutschen Frauenmagazinen in der Schublade einer Freundin. Doch wir haben uns nie etwas danach genäht. Uns reichte das Wissen, dass sie da waren, dass es also Formen und Muster gab, aus denen man sich irgendwo im Westen aus schönen Stoffen – die selbstverständlich auch nur dort zu kaufen waren – all das nähen konnte. Das beruhigte uns. Aber die Burda-Mode fanden meine Freundin und ich in Wahrheit langweilig, und wir nähten uns lieber nach eigenen Entwürfen Baumwollröcke aus Stoff, der gerade verfügbar war. Ich besaß zum Beispiel einen vielbeneideten Hippie-Rock aus zwei bunten Tischdecken. Oder wir trugen die Minikleider unserer Mütter, die nichts von ihrer Coolness der sechziger Jahre verloren hatten. Damals wussten wir noch nicht, dass sie später einmal Vintage-Mode heißen würden und dass ihr Auftragen ganz der heute so deutschen Philosophie der Nachhaltigkeit entsprach.

Wir trugen die Sachen selbstbewusst und waren sehr stolz darauf, dem Einheitsgrau der Mangelwirtschaftszeiten nicht nachgegeben zu haben, und wir verachteten demonstrativ Jeans, die unsere Freundinnen von ihren Verwandten aus dem Westen zugeschickt bekamen. Meine erste westliche Markenjeans habe ich sofort des Logoaufnähers beraubt. Trotz der allgegenwärtigen Sehnsucht nach der besseren Welt erschien mir das Angesagte und Begehrte, auch wenn es aus dem Westen kam, wie eines dieser Burda-Modelle und fast schlimmer als die Schuluniform, die wir montags immer tragen mussten.

Denn Westjeans, gerne mit einer dazu gehörenden Jacke (die Achtziger!), wurden bald zum obligatorischen Kleidungsstil, zur inoffiziellen Uniform, obwohl, oder gerade weil, sie kaum zu kaufen waren.

Heute kommt mir meine damalige Auflehnung gegen die Konsum- und Markenwelt, obwohl ich während meiner Schulzeit kaum in Kontakt mit ihr gekommen bin, ziemlich fortschrittlich und extravagant vor.

Gekommen aus dem Land mit von allem zu wenig in ein Land mit von allem zu viel, musste ich schließlich doch noch ein autogenes Verhaltenstraining absolvieren. Lag für meine Mutter die Schwierigkeit bei der Familienversorgung darin, Nahrungsmittel zu ergattern, die etwas raffinierter waren als diejenigen, die man im regulären Handel erhalten konnte (zum Beispiel ein Stück echte Schokolade statt Pfefferminzdrops), so musste ich als junge Mutter in München die Fähigkeit entwickeln, mit meiner an der Hand dahertappenden Tochter so schnell wie möglich an manchen Schaufenstern vorbeizuhuschen. Am Ende ist die Anstrengung der Mütter verschiedener Generationen vergleichbar gewesen und der Zufriedenheitsgrad der Töchter ebenso. Nur dass die Frustrationen jeweils unterschiedlichen Charakter hatten. Es ist mir heute in Deutschland beinahe unmöglich, meiner heranwachsenden Tochter zu erklären, warum es schön ist, nicht alles gleich bekommen zu können und zu müssen. Doch selbstgenähte Röcke schätzt sie. Meine speziellen Röcke waren das Einzige, was ich haben konnte, ihre sind in der Überflut an Angeboten etwas Besonderes. Dass ich in Polen aufwuchs, meine Tochter in München, spielt keine Rolle. Würden wir heute in Warschau leben, hätten wir dieselben Diskussionen. Meine Abneigung gegen das Einkaufengehen (»Shoppen«), das als eine Art Samstagsspaziergang deklariert wird, hat weniger mit meiner polnischen, sondern mit meiner präkapitalistischen Prägung zu tun. Die Grenze zwischen Konsumwelt und Mangelwirtschaft ist in meinem Fall nur zufällig eine deutsch-polnische. Als Studentin aus Polen überschritt ich eine Zeit-Raum-Grenze. Meine Wahrnehmung der Wirklichkeit ist zweifach geteilt: der Übergang von Sozialismus zum Kapitalismus fällt bei mir mit dem Wechsel des Wohnortes zusammen, sodass für mich die »alten Zeiten« für Polen stehen und das Neue, Moderne für Deutschland. Meine in Polen gebliebenen Freunde hingegen marschierten in den neunziger Jahren in die kapitalistische Ära, ohne den Wohnsitz zu wechseln. Ihre schnellen Karrieren und der Wandel ihres Lebensstils vollzogen sich vor derselben – wenn auch sich rasch verändernden – Kulisse der polnischen Städte.

Angesichts der Glitzerkaufhäuser fällt einem nicht sofort »Sparsamkeit« als typisch deutsche Tugend ein, besonders wenn man als polnische Studentin aus einem Land kommt, in dem Einkaufen einem Kampf um die wenigen, ungerecht verteilten Güter glich. Ein Symbol dieser Zeit des Systemwandels waren aufklappbare Tische und Blechbuden, »Kiefer« genannt, da sie wie ein blechernes Gebiss aussahen. Sie standen überall an den Straßen. Darin wurden Bücher und Musikkassetten feilgeboten, Strümpfe, Seife und vor allem Fleisch. Fleisch – die absolute Mangelware, ein Synonym des Sich-Einschränkens und der Rationierung in den achtziger Jahren – war plötzlich überall und für alle da. Wenn man heute Fotos aus dieser Zeit sieht, kommen sie einem unwirklich vor. Vegetarier hatten es damals nicht leicht.

Etwa zur selben Zeit, als in Polen der steigende Fleischkonsum zum Symbol des polnischen Wirtschaftsaufschwungs wurde, übersetzte ich mein erstes Buch ins Polnische. Darin wird ein ähnlicher Zusammenhang einige Jahrzehnte zuvor in Deutschland beschrieben. Hans-Ulrich Treichels 1998 erschienener Roman *Der Verlorene* ist eine Geschichte aus der Zeit des deutschen Wirtschaftswunders. Die 1945 vertriebenen Eltern des Ich-Erzählers erschaffen sich, in bester protestantischer Manier, mit Fleiß und Sparsamkeit in der neuen Heimat ein neues Leben, dessen Leere sie mit immer komfortableren Möbeln und immer neueren Autos zu füllen versuchen. Die Arbeit und der wirtschaftliche Aufschwung ermöglichen es der Familie, den Verlust ihres bisherigen Lebens, des gesamten Hab und Guts und insbesondere ihres Kindes in den Kriegswirren zu verdrängen. Erinnerungen werden selten zugelassen. So an den Tagen, an denen vom Metzger ein Schweinekopf nach Hause gebracht wird – ein schmaler Abklatsch der früheren Schlachttage in Ostpreußen. Es werden Gäste eingeladen, zumeist Vertriebene wie die Eltern, und das Schweinekopfessen ist ein ausgelassenes Fest. Ansonsten gilt es, mit dem Essen rational und sparsam umzugehen:

»Wunderbarerweise verstand es meine Mutter, aus dem Schweinekopf so viele Mahlzeiten herzustellen, dass wir uns lange Zeit davon ernähren konnten. [...] Schweinebacke und Schweinezunge, Schweineohren und Schweineschnauze, Schweinekopfbrühe und Schweinekopfpaste. Das alles konnte geräuchert oder gegrillt, gekocht oder gebraten, gedörrt oder eingemacht werden und wurde noch ergänzt durch die Verwertung des Schweineblutes, aus dem man Suppe zubereiten konnte und Wurst, das sich zum Kuchenbacken eignete oder auch in Gläser füllen und in eingedicktem Zustand konservieren ließ. In Wahrheit reichte der Frühjahrsschweinekopf fast bis in den Herbst hinein, und der Herbstschweinekopf reichte fast bis zum Frühjahr.«

Geben Deutsche ihr Geld aus – wenn auch nicht so freudig wie wir Polen, was Studien jetzt beweisen und was ich schon immer vermutet habe –, so eher für ihre Autos als zum Beispiel fürs Essen. Hier können sie sich in ihrer Sparsamkeit richtig austoben. Und oft habe ich den Eindruck, dass die Supermarktregale die Ausstattung für eine Reality-TV-Produktion sind und die ganze schön gestapelte bunte Ware dazu da ist, nicht gekauft zu werden. Tatsächlich wird allzu vieles weggeworfen. Nach Ladenschluss werden ganze Gemüsekisten entsorgt – ein schwer zu verkraftender Anblick, den ich aus Polen nicht kenne. Dass es in Deutschland »Mülltaucher« gibt, Menschen also, die bewusst auf den Einkauf von Lebensmitteln verzichten und nur von dem leben, was sie nachts aus den Mülltonnen der großen Läden fischen, nahm ich erleichtert zur Kenntnis. In einer Fernsehreportage wurden verschiedene Personen porträtiert, wie sie sich auf ihren Weg zum nächtlichen Containern machten: eine junge Frau, die es aus Überzeugung tat, ein Mann aus der Mittelschicht, der es sich nur mal anschauen wollte, und ein junger Sozialpädagoge, der einfach nicht genug verdiente, waren dort zu sehen. Sie fanden kaum angewelkten Salat, originalverpackten, unverdorbenen Käse und knackigen

Spitzkohl, die sonst auf der Müllkippe landen würden. Müll-tauchen ist in Deutschland verboten. Eigentlich dürften Super-märkte die Mülltonnen nicht zusperren. Aber die Anzahl de-rer, die nach brauchbaren Lebensmitteln suchen, wächst. Sicher schlecht fürs Geschäft.

Eine OECD-Studie widmete sich vor Kurzem der Frage, welche Bevölkerung wie viele Minuten pro Tag gemeinsam am Tisch verbringt. Am längsten bleiben die Türken und Franzosen zu-sammen sitzen, fast eine ganze Stunde länger als die Deutschen, wie die französische Journalistin Pascale Hugues – zu Recht – mit Stolz berichtete.

Essen gehört nicht zu den wichtigsten Dingen für Deutsche, sie geben nicht nur prozentual wenig fürs Essen aus, sondern verbringen auch vergleichsweise wenig Zeit am Frühstücks-, Mittags- und Abendtisch. Man könnte naheliegende Schluss-folgerungen anstellen: Sie kaufen weniger ein und sind deswe-gen schneller mit dem Essen fertig. Essen die Deutschen denn genug? Und warum essen sie so schnell? Sparen sie hierbei Zeit? Oder beeilen sie sich aus Furcht vor der anbrechenden Dunkelheit? Gehen sie mit Gesten, Mienen, Essenszeit deswe-gen etwas sparsamer um? Und was machen sie mit der gespar-ten Zeit?

Marion Gräfin Dönhoff durfte entweder nur Marmelade oder nur Butter auf ihr Brot streichen und fror beim Frühstück in ihrem Schloss, da man es nicht heizte. »Bescheidenheit, die an Kargheit grenzt«, zählte ein Preußenkenner zu den typi-schen »Preußentugenden«, die nach 1871 zu »deutschen Tu-genden« mutierten. Wohl um Ausländer zu verwirren, haben die Deutschen bayerische Kneipen und vor allem das Oktoberfest und den Karneval erfunden. Und die Gäste bleiben verwirrt, das Stereotyp des sparsamen Deutschen hält sich nämlich hartnäckig. Dass er zu Heiligabend Würstchen mit Kartoffelsalat bevorzugt, bestätigt das Klischee aufs Beste. Gerade die Polen, die Weihnachten als ein orgiastisches Fest feiern und ansonsten als Gastgeber dem altpolnischen Prinzip »Verpfände dein Haus, aber stell den Tisch voll« (*Zastaw się, a postaw się*) treu bleiben, werden es nie verstehen.

Dass es in den globalisierten Zeiten derartig krasse Unterschiede gibt, finde ich mittlerweile nicht nur amüsant, sondern richtig gut. Eine meiner Lieblingsanekdoten über den Unterschied zwischen der deutschen und der polnischen Gastfreundschaft stammt von dem bereits erwähnten Kabarettisten Steffen Möller. Er berichtete in seinem Buch *Viva Polonia*, wie sein polnischer Freund ihn mal besuchte und beim Anblick dreier einsamer Salzstangen, die in einem Glas auf dem Küchentisch standen, fragte: »Steffen, erwartest du noch mehr Besuch?«

Diese Anekdote kommt bei meinen deutschen Freunden gut an, dieses über sie geläufige Vorurteil kennen sie und ihre Landsleute gut. Und die meisten machen wunderbare Partys. Doch eins habe ich gelernt: Wenn die Einladung deutlich »15 Uhr zu Kaffee und Kuchen« annonciert, so sind – selbst wenn der Ort weit außerhalb liegt, wenn Kinder mitgebracht werden und sich die Einladung irgendwann in eine Abendveranstaltung verwandelt – nur Kuchen und Kaffee zu erwarten, nicht mehr und nicht weniger. Und möchte man die Gesellschaft nicht zu früh verlassen und die abendliche Sonne in der malerischen Gegend noch genießen, so bringt man sich am besten ein kleines Brot mit.

»Sparsamkeit in allen Dingen ist die vernünftige Handlung eines rechtdenkenden Menschen«, schrieb der Preuße Immanuel Kant, und Martin Luther wusste: »Der ersparte Pfennig ist redlicher als der erworbene.« Wie viel moderater andere Kulturen mit dem Thema umgehen. Wie viel Verständnis der Wirtschaftsdynamik, Großzügigkeit und Lebensfreude – die nichts mit Verprassen zu tun hat, da es am Ende auch ums Sparen geht   drückt ein persisches Sprichwort aus: »Einen Teil sollst du ausgeben, einen Teil sollst du weggeben, einen Teil sollst du sparen.«

Wenn man sich mit Nicht-Deutschen unterhält, kommt oft Staunen über deutsches Konsumverhalten auf. Diese reichen Deutschen, die sich so viel leisten könnten, sind sehr enthaltsam in allen Dingen, die Spaß machen. Dieses Staunen hat immer die Pointe: Sie sind reich, weil sie sparsam sind. Es folgt verständnisvolles Kopfnicken.

Rebecca Casati, Autorin der »Süddeutschen Zeitung«, weiß: »Extravaganz ist dem typischen Deutschen peinlich. […] Luxus galt hier nie als Sprengsel der Kultur, sondern wenn überhaupt als ihr Hemmschuh, eine törichte Neigung, die dringend überwunden werden müsste.«

Vielleicht lässt sich so besser verstehen, warum sich Deutschland seit dem 18. Jahrhundert, der Zeit der Industrialisierung und der Entstehung des Bürgertums, als die Produktion von Luxusgütern für die Vermehrung von Kapital und für den technischen Fortschritt von entscheidender Bedeutung war, zu eine Autoindustrie-, aber nicht zu einer Mode-macht entwickelte. Dabei weiß man, wenn man eine Teen-ager-Tochter hat, was für eine wunderbare Geldschleuder-maschine die Textilindustrie ist. Wir sollten uns öfter ein Bei-spiel an unseren Kindern nehmen. Dann würde die »Washing-ton Post« nicht die deutsche Sparsamkeit geißeln: »Wenn Grie-chenland seine Ausgaben kürzen und seine Finanzen in Ordnung bringen muss, um das Vertrauen in den Euro wieder-herzustellen, dann muss auch Deutschland etwas tun: mehr konsumieren.«

Das klingt schräg in Bezug auf ein Land, wo die Achtund-sechziger gegen »Konsumterror« protestiert haben, wo Mülltau-cher die zügellosen Verschwender beschämen und wo Trends hervorbrechen wie der, seinen Besitz radikal zu reduzieren und nicht mehr als hundert Sachen zu besitzen.

Die Deutschen tun mir manchmal leid. Während Polen nach dem Motto »Endlich können wir uns das leisten, und au-ßerdem ist es gut für die Wirtschaft!« voll uneingeschränkter Freude und reinen Gewissens konsumieren, müssen die Deut-schen einen Spagat zwischen dem die Wirtschaft ankurbeln-den Konsum und der Konsumverweigerung aus dem Geiste der Nachhaltigkeit leben. Wer zuerst reich geworden ist, muss zuerst umdenken. Robert Skidelskys Buch *Wie viel ist genug? Vom Wachstumswahn zu einer Ökonomie des guten Lebens* wurde hierzulande ein großer Erfolg. Der britische Wirt-schaftswissenschaftler weiß, endloser Konsum macht nicht glücklich: »Wir gewöhnen uns schnell an jeden neuen Stan-dard von Wohlstand, sind erneut unzufrieden und verlangen alsbald nach mehr.«

Der deutsche Wirtschaftswissenschaftler Niko Paech fordert »Befreiung vom Überfluss«. »Aus der Konsumforschung wissen wir, dass Konsum keine Freude mehr macht, wenn wir zu viel davon haben.« Unser Ressourcenverbrauch sei nicht nur ökologisch katastrophal, sondern überfordere die Menschen auch psychisch.

Ich kenne viele Menschen in Deutschland, die, ohne ihren Lebensstil nach einer der neuen Bewegungen wie »Transition Town«, »Urban Gardening« oder »Regiogeld« zu nennen, aus einem inneren Bedürfnis heraus auf lange Flüge in exotische Urlaubsorte verzichten, Elektroschrott vermeiden, indem sie Sachen reparieren (das winterabendliche Stricken des einen ist die Bügeleisenreparatur des anderen) oder ihre Milch nie anders als in einer Pfandflasche kaufen würden. Sie sind ein wahrer Hemmschuh des Wirtschaftswachstums. Andererseits stelle ich mir gerne vor, wie sie mit dem frisch reparierten Bügeleisen ein Prada-Kleid bügeln.

Verzicht auf Überfluss haben Polen jahrzehntelang in der Mangel- bzw. Prä-Konsumära praktiziert, daher wird es sicher länger dauern, bis wir in die Post-Konsumära eintreten. Doch können wir die gröbsten Fehler des zügellosen Konsumptionismus vielleicht vermeiden. Wer wie ich eine Oma hatte, die einem nicht nur Schals, sondern auch Tagesdecken strickte und kleine Bettvorleger aus Stoffresten häkelte, der wird nicht so schnell auf die Strategie mancher Läden hereinfallen, die in meiner Wohngegend wie Pilze aus dem Boden schießen und in denen man hübsche Sachen kaufen kann, die aussehen, als wären sie selbstgemacht, gestrickt, zusammengenagelt, die aber ein kleines Vermögen kosten. Der Nostalgie-Look, der Genügsamkeit simuliert, hat weniger mit Do-it-yourself-Kultur zu tun, sondern ist eine geschickte Verkaufsstrategie. Ich habe aber meine alten Sachen noch. Damals entstanden sie aus Not und weil meine Oma es gern gemacht hat. Heute würden sie jedem Hipster-Wohnzimmer zur Ehre gereichen.

Wenn ich manchmal in Eile bin und eine Tüte mit Altplastik in die normale Mülltonne werfe (»voll die Gangsterbraut«, sagt Ida dann ironisch), so beruhige ich mein schlechtes Gewissen mit dem Anblick meiner hübsch gestapelten Eiscreme- oder Lebkuchenverpackungen wieder, die ich niemals wegwerfe, sondern zum Aufbewahren anderer Lebensmittel benutze. Vanille-Eis- statt Ressourcenverbrauch ist mir echt viel lieber.

Eines Samstags – wir waren noch neu in unserer Wohnanlage – sah ich, wie meine Nachbarn am frühen Morgen Tische, Stühle und Kisten in den Hof hinausstellten, ihre Sachen auf den Tischen richteten und mit Kaffeetassen in den Händen Stellung bezogen: Hofflohmarkt! Unsere glückselige Tochter stürzte sich gleich ins Geschehen und machte Geschäfte. Da es bei einem Flohmarkt offensichtlich darum geht, Sachen loszuwerden, die man im Lauf der Jahre angehäuft hat, wurde die kleine Flohmarktanfängerin umgehend beschenkt mit wunderschönen Kleinigkeiten wie einem praktischen dreieckigen Sushiteller, einem rosa Plüschkaninchen oder einem Glitzerschal aus nicht näher definierbaren Fasern, die den Schal auch in der Dunkelheit gut auffindbar machen. Ich habe die Sachen dann am Nachmittag unauffällig in einer Kiste verschwinden lassen, ohne zu wissen, dass mein Verhalten mich automatisch zur

Flohmarkt-Anwärterin gemacht hatte: Ich hatte soeben eine »Flohmarktkiste« angelegt. Nächstes Jahr würde ich mit dabei sein.

Es kamen viele Leute in unseren lauschigen Hinterhof vorbei – Flohmarkt wird in Deutschland ernst genommen. Diesmal konnte ich aus unmittelbarer Nähe beobachten, wie systematisch meine Nachbarn an die Sache herangehen. Die Tische sind nicht irgendwelche Gestelle, es sind ordentliche Tapezieroder Picknicktische, alle griffbereit in Kellern gelagert, damit sie am Vorabend des alljährlichen Hofflohmarkts herausgestellt, richtig positioniert und mit Folien abgedeckt werden können. Die Kisten voller Flohmarktsachen, die man gegen 8.00 Uhr herunterbringt, stehen das ganze Jahr über in den Kellern und Abstellräumen. Bei uns war es eine hastig mit diesem oder jenem gefüllte Reisetasche, und den Verkaufstisch gab unser Wäscheständer.

Den Vormittag in der frischen Luft mit den Nachbarn zu verbringen, die man sonst nur flüchtig im Supermarkt oder vom Balkon grüßt, Kaffee zu trinken, alten Krempel loszuschlagen und sogar Geld dafür zu bekommen macht unendlich viel Spaß. Und ich weiß, warum. Es ist, als drehe man dem Konsumzwang eine lange Nase, eine zur Schau gestellte Bescheidenheit der Mittelschicht, die – geplagt von hohen Mieten und Lebenserhaltungskosten – ihrem Schnäppchenjäger-Instinkt schamlos frönen kann. Ein Hofflohmarkt ist wie ein nach außen gekehrtes Wohnzimmer: Man zeigt nicht nur seinen Geschmack, sondern hat auch zu jedem Gegenstand eine Geschichte zu erzählen. Hier werden Konsumverweigerung und Konsumrausch vereinigt.

(Mit unserem Lamborghini wird es übrigens wieder nichts. Ich habe es nicht ausgehalten und von meiner Nachbarin für zwei Euro zwei klasse Bücher gekauft.)

Kraut und Rüben –
die deutsche Küche

»Deine Kartoffelmutter!« – das soll respektlos und böse klingen. Der Türke, der sich den halben Film *Türkisch für Anfänger*
später in die Deutsche verliebt, ist zunächst einmal von ihr ge-
nervt.

Kartoffelmutter, das wäre wohl auch ich. Nicht nur ist das
eines meiner Notessen, wenn im Kühlschrank nicht mehr viel
zu finden ist oder wenn meine Tochter nach dem Kinobesuch
hungrige Freunde mitbringt, sondern es ist auch mittlerweile
unser Lieblingsessen.

An einem Oktobertag trödele ich bei der Arbeit und habe
für richtiges Kochen keine Zeit. Ich hole zwei Döner, mit allem
und mittelscharf. Ida liebt sie und wird begeistert sein ob meiner Unhausfräulichkeit. In unserer Straße steht der Wagen
des netten Kartoffelverkäufers (»Friiiische Kartoffeeeeln!«).
Wenigstens zum Abendessen wird es Gemüse geben, frisch
vom Feld. Die Kartoffeln im Wagenanhänger sind speckig, vol-

ler Erde und unwiderstehlich. Ich reihe mich ein in das Grüppchen aus Freiberuflern, Mamis und Opas, all denen, die um diese Uhrzeit eben Zeit zum Einkaufen haben oder die ein Extra-Päuschen für frische Kartoffeln und frische Luft einlegen. Man unterhält sich, scherzt, tauscht Rezepte aus. Für die Komikeinlage sorge ich: Gerade als ich am Telefon von einem Freund erfahre, wer soeben den Literaturnobelpreis bekommen hat, reißt meine vom Nieselregen aufgeweichte und nur mit einer Hand gehaltene Papiertüte, und die Knollen rollen über die ganze Fahrbahn. Alle stürzen herbei, um zu helfen, ich improvisiere mit meiner Jacke eine Ersatztüte, und irgendwie gelangen meine fünf Kilo vorwiegend festkochende Kartoffeln nach Hause. Bei deren Anblick seufzt Ida, die Kartoffeln eigentlich liebt, aber nicht »vier Monate lang jeden Tag«. So lange werden sie nicht reichen, keine Sorge. Ich schaffe es nicht einmal, alle Kartoffelrezepte durchzuprobieren, nicht die polnischen und die deutschen schon gar nicht.

Dass die Kartoffel ein bisschen mehr deutsch als polnisch ist, sieht man gleich. Nirgendwo auf der Welt wird meines Wissens eine Kartoffel auf das Grab eines Königs gelegt wie in Berlin (was mich an die zarathustrische Sitte im Iran erinnert, den Toten Opfergaben in Form von Obst auf die Grabsteine zu legen und diese dann en passant gleich selber zu verspeisen). Nirgendwo sonst, soweit ich weiß, gibt es Kartoffelmuseen, wie zum Beispiel das in München. Und nirgendwo ist »Kartoffelmutter« ein Schimpfwort. (Die Mutter in *Türkisch für Anfänger* wird später zur deutschen Schwiegermutter des gut aussehenden türkischen Protagonisten. Allerdings kaum vorstellbar,

dass sich der junge Mann zu Kartoffeln bekehren ließ: Sie
konnte leider überhaupt nicht kochen.)

In einem anderen berühmten deutschen Film findet sich
eine Szene, die Symbol für die Deutsche und Polen verbinden-
de Liebe zu Kartoffeln sein könnte, auch wenn das zugegeben-
ermaßen nicht die Kernaussage dieses Kultstreifens ist: In der
Anfangsszene von Volker Schlöndorffs *Blechtrommel* findet
Oskar Matzeraths späterer Großvater, Joseph Koljaiczek, auf
der Flucht vor den Gendarmen Zuflucht unter den Röcken der
Anna Bronski. Die kaschubische Großmutter thront auf dem
Kartoffelacker, inmitten der kaschubischen Landschaft, diesem weder so richtig polnischen noch so richtig deutschen
Fleck Erde, und wärmt sich mit einem im Kartoffelfeuer er-
hitzten Ziegelstein, den sie sich unter ihre Röcke schiebt.

Es gibt feine Unterschiede darin, wie Polen und Deutsche ihre
Kartoffeln behandeln. Während sie für mich als Kind nur eine
Sättigungsbeilage waren – weniger wichtig als Fleisch und Gemüse, man durfte den Stampf sogar auf dem Teller liegen lassen, was mich zu der praktischen Erfindung führte, darin
Stückchen vom ungeliebten Fleisch zu verstecken –, habe ich
sie als selbständige Speise eigentlich erst dank meiner deutschen Schwiegermutter entdeckt. Reibekuchen und Brat- oder
Salzkartoffeln sind unseren Küchen gemeinsam, aber Pellkartoffeln mit Quark kannte ich nicht. Auch Rosmarinkartoffeln
aus dem Ofen gab es bei uns nicht – wohl mangels Rosmarin,
nicht mangels Kartoffeln –, und der Kartoffelsalat ist für mich
eine rein deutsche Angelegenheit. Wobei hier zu unterscheiden ist zwischen dem norddeutschen – wo Kartoffeln als sol-

che sogar noch zu erkennen sind – und dem bayerischen Kartoffelsalat, der eher eine kalte Version von Kartoffelstampf ist und deswegen einen längeren Weg zurücklegen musste, bis er in mein Herz und meinen Magen gelangte. Mittlerweile kann ich ihn mir von gebratenem Fisch nicht mehr wegdenken.

Bei uns zu Hause gab es ein regelrechtes Kartoffel-Schisma, wobei ich mich eindeutig im Lager der Kartoffelgegner befand, an der Seite meines Vaters, der die Knollen konsequent verweigerte, während ich sie als Tarnung für Fleisch benutzte. Meine schon damals vegetarische Schwester hingegen vertilgte einen ganzen Servierteller voller Kartoffeln alleine und glich so die Statistik des Kartoffelverzehrs pro Familie aus. Trotzdem kam mir die Selbstverständlichkeit, mit der diese Knolle in Deutschland behandelt wird, vertraut vor. Die Kartoffel ist eines der Dinge, deretwegen ich mich in Deutschland nie wirklich »ausländisch« gefühlt habe. Schließlich haben wir auch Wetter, Essgewohnheiten und Rituale gemeinsam – die Erdbeermarmelade kochen wir im Juni und Kürbissuppe im Oktober. Wir schmieren ähnliche Schul- und Wanderbrote aus ähnlichem Graubrot und beugen uns beim Kuchenbacken derselben Diktatur der Jahreszeiten und der dazugehörigen Obstsorten.

Zu einer wahren deutschen Kartoffelesserin bin ich erst mit der Zeit geworden. Als ich aus dem von Wirtschaftkrisen geplagten Polen zum ersten Mal nach Deutschland kam, wirkte die an Verschwendung grenzende Fülle von Lebensmitteln in den Supermarktregalen berauschend auf mich. Ich hatte davon gehört, dass dies hier die »normale« Welt sei. Es galt, die unglaubliche Vielfalt der verschiedenen Esskulturen genüsslich und systematisch kennenzulernen. So hatte der Westen zu sein: bunt, duftend und vielfältig! Keine Kartoffel-Fleisch-Gemüse-Diktatur mehr! Stattdessen Glasnudeln, Börek und neapolitanische Pizza. Mittlerweile gehört es auch in Warschau zum ganz normalen Essverhalten, in der Mittagspause zum Sushiladen, zur griechischen Taverne oder einer vietnamesischen Straßenbude zu gehen – zu meinen Studentenzeiten aber war das ein Synonym für den Westen. War Freiheit. Bis heute ist es eine der tollsten Komponenten meiner Deutschland-Einsiedlung, an jeder Ecke eine andere Esskultur genießen zu können. Deutschland schmeckt sehr unterschiedlich. Das gefällt den Deutschen selbst und auch den Ausländern. Böse Zungen in Polen behaupten, das Einzige, was an Deutschland anziehend sei, auch kulinarisch, sei seine Internationalität. Und es gibt genauso böse Zungen in Deutschland, die behaupten, so etwas wie eine deutsche Küche gebe es gar nicht.

Mal schauen. Sauerkraut? Was sollen Polen sagen, deren Bigos – der winterliche Jägereintopf aus Sauerkraut, Fleisch, Steinpilzen und Wacholder – seit Jahrhunderten eine Nationalspeise ist? Und deren herbstliches Ritual des Sauerkrauteinlegens mit Raspeln, Drücken, Salzen, Steinfassfüllen in vielen Haushalten immer noch an Dionysien erinnert? Semmelknödel? Sind doch tschechisch, das weiß jeder. Weißwurst? Sollen die Franzosen erfunden haben. Für mich verhält es sich mit der deutschen Küche so wie mit der Lotuswurzel, die ich neulich in einem Asialaden für das Partyessen unserer Tochter besorgt habe. Die Verkäuferin riet mir, die neutral schmeckenden Scheiben gleich am Anfang ins Curry zu geben, so würden sie sich mit dem Geschmack der angebratenen Kräuter und Gewürze vollsaugen und erst recht zu einer Attraktion werden.

Genauso ist das mit der mitteleuropäischen Küche. Sie basiert überall auf denselben Zutaten: Fleisch, Kartoffeln (früher Graupen), Gemüse. Erst die Einflüsse – der Nachbarn, des Überseehandels, der Einwanderer – und die regionalen Varianten (bayerische Küche unterscheidet sich von der norddeutschen stärker als von der tschechischen) machen sie interessant. Was heute als Fusion-Küche und als modern gefeiert wird, war schon immer das Prinzip einer guten Küche. Also ist die deutsche Küche ein bisschen italienisch, ein wenig habsburgisch, etwas skandinavisch und auch französisch und asiatisch angehaucht.

Am stärksten prägten allerdings meine Schwiegereltern meine Vorstellung von der deutschen Küche: eine Deutsche aus dem ehemaligen deutschen Osten mit ihrer Vorliebe für Kartoffeln, Eiersalat und Kuchen sowie ein Iraner, der ungeachtet seiner Zuneigung zur deutschen Küche die besten persischen Gerichte kocht, für die er von seinen zahlreichen Freunden geliebt wird. Ich kenne niemanden, der sich dem Zauber der iranischen Küche entziehen könnte. Sie gehört für mich zu München wie das thailändische Fischcurry meiner deutschen Nachbarin linker Hand und die Spätzle mit Röstzwiebeln bei meiner Nachbarin rechter Hand.

Meine Vorliebe für Abendessen bei meinem Schwiegervater oder Döner zum Mittagessen schließen Begeisterung für deutsche Spezialitäten keineswegs aus. Ich kenne wenige Käsesorten, die so herrlich schmecken wie Allgäuer Bergkäse. Obwohl – oder gerade weil – ich aus einem Land komme, in dem im Advent mehr Heringe als Plätzchen gegessen werden, kenne ich keinen größeren Fan vom Rostocker Heringssalat oder den Sylter Matjes als mich. In Polen sehne ich mich nach Münchner Laugenbrezen, von denen ich mir vorstelle, wie gut sie zum polnischen Schichtkäse passen würden. Auf deutschen Wochenmärkten entdeckte ich die vergessenen Gemüsesorten: Pastinaken, Brunnenkresse, Portulak, nach denen ich jetzt auch in Polen Ausschau halte.

Aber vor allem nehme ich mit Freude zur Kenntnis, dass in modernen deutschen Restaurants heute neben Lasagne auch Rosenkohlcrumble zubereitet wird, neben Thunfisch- auch Semmelknödel-Carpaccio zu bekommen ist und neben teurem Aceto Balsamico oder Olivenöl aus Kreta auch das nicht zu unterschätzende Kerndlöl und der vergessene Apfelessig stolz die oberen Supermarktregale füllen. Die deutsche Küche besinnt sich auf »das Eigene«. Womit sie in einem Welttrend liegt, genauso wie die polnische Küche.

In beiden Ländern ist das Fremde und Exotische heimisch geworden und das Eigene ausgefallen und besonders. Die Gründe mögen hier wie dort unterschiedlich sein. In Deutschland sind selbst die exotischsten Küchen selbstverständlich vertreten: »der Thailänder« und »der Japaner« bieten günstige Mittagsmenüs an, »der Afghane« oder »der Äthiopier« sind eine Alternative zum »Italiener« oder »Türken«, während Döner und Spaghetti zu typisch deutschen Gerichten geworden sind. Das Eigene, Deutsche wiederum ist in Deutschland mittlerweile exotisch genug. Wenn die deutschen Sterneköche in Fernsehsendungen Blutwurst mit Kartoffelbrei oder Kalbsleber mit Apfelscheiben kochen, sehen Tausende dabei zu.

Die selbstgewählte Aufgabe deutscher Köche, den Deutschen deutsche Küche (wieder) schmackhaft zu machen, ist einerseits schwieriger als bei den polnischen Kollegen, andererseits einfacher.

Durch Jahrzehnte der Mangelwirtschaft hat die polnische Küche ihren Charakter eingebüßt. Die alten Kochbücher meiner Großmutter offenbaren eine ganz unbekannte Welt und machen klar, dass sich die traditionelle polnische Küche nicht auf Piroggen (Maultaschen) und Barschtsch (Rote-Beete-Suppe, nicht mit dem russischen Borschtsch zu verwechseln) beschränkt. Wie raffiniert und im Grunde international althergebrachte polnische Speisen sind, beweisen heute die jungen ambitionierten, oft im Ausland ausgebildeten Köche. Was typisch polnisch ist, muss man den Polen behutsam wieder beibringen. Buchweizen statt chinesischer Fertigsuppen, Dorsch statt Garnelen, Steckrüben statt Hamburger sind groß im Kommen. Genauso wie Topinambur, der früher in jedem Garten wuchs, neben Rauke – heute Rucola genannt und als feiner italienischer Salat gehandelt.

Die Betonung des Eigenen kann Aufwertung des zu Unrecht Verkannten sein, wie es mit der heimischen Küche in den Ländern des Ostblocks geschah, wo man nach der Wende mit großem Schwung erst einmal alles nachholen wollte. Die unkritische Faszination von fernasiatischer und italienischer Küche, die in den Wendejahren geradezu ein Antidot gegen den wörtlichen Einheitsbrei im real existierenden Sozialismus war, wird heute langsam überwunden. Gleichzeitig wird die polnische Küche wieder lebendig, die außerhalb mancher privater Haushalte jahrzehntelang verschwunden war. Man kann die Schwierigkeiten bei der Zubereitung opulenter Fleischmahlzeiten in einem Land nachvollziehen, wo Fleisch lange Jahre Defizitware war. Genauso wenig waren, mangels Sardellen, Soßen mit Sardellen vorstellbar oder Desserts aus Zitrusfrüchten, da es an Zitrusfrüchten fehlte.

Junge polnische Köche machen es wie ihre deutschen Kollegen und widmen sich der Revitalisierung der heimischen Küche. Doch man kann nicht sagen, dass sie es aus Überdruss am Fremden tun. In vielen Städten ist ein italienisches Restaurant – anders als in Deutschland – das einzige »ausländische« Lokal. Thailändisches oder koreanisches Essen sind noch nicht überall angekommen. Es verhält sich mit der polnischen Küche in etwa wie mit dem Biogemüse. Die polnischen Bauern waren oft zu arm dazu, ihre Tomaten mit Gift zu bespritzen. Was in Deutschland Rückkehr zu Natur ist, ist auf vielen polnischen Bauernhöfen noch Standard. Der Honig aus Ostpolen ist an biologischer Reinheit nicht zu überbieten.

Man könnte auch sagen: Aus der Not heraus waren wir gezwungen, fremde Fehler zu vermeiden. So gelang es in großen Teilen, die polnische, vergessene Esskultur zu bewahren und weiterzuentwickeln, bevor sie als verpönt gelten konnte. Die Polen fangen an, eine gute Meinung von ihrer Küche zu haben. Noch kann man nicht überall »typisch polnisch« essen, aber die Mode setzt sich allmählich durch.

Als ehrlicher Fan der regionalen Küche, die auf heimische Produkte zurückgreift und sie kreativ verarbeitet, musste ich vor einiger Zeit doch feststellen, dass die Besinnung auf das Eigene in Deutschland bisweilen einen schalen Beigeschmack haben kann. Ich las von »braunen Öko-Bauernhöfen«, von der Unterwanderung des Biolandbaus durch Rechtsextreme, bei denen »Naturschutz« und »Heimatschutz« zu einer seltsamen

Einheit verschmelzen. Bis jetzt hatte die Bezeichnung »deutscher Honig« für mich einen neutralen Klang, wie »polnische Gans« oder »türkischer Apfeltee«. Doch vor dem Hintergrund der Schriften vom »artgerechten«, »völkischen« Leben ist der Klang etwas verzerrt. Und in meine Begeisterung für alles Regionale, »Eigene« hat sich Vorsicht eingeschlichen.

In den neunziger Jahren, parallel zur Entdeckung des Westens mit seiner Esskultur, startete in Polen ein jährlich stattfindender Wettbewerb zur Vermarktung und Unterstützung der Landesprodukte, bei dem Kriterien wie Herkunft, traditionelle Rezeptur und die Berücksichtigung von Konsumentengewohnheiten prämiert wurden und der sich des Spruchs bediente: »Gut, weil polnisch!« Als bewusste Anspielung an die unkritische Faszination von allem, was ausländisch, also per se besser war, und Ausdruck des Konsumentenpatriotismus erntete er in manchen Kreisen große Belustigung und wird heute noch gerne persifliert.

Dabei möchte ich wählen können, ob ich türkische oder spanische Tomaten kaufe oder bis August auf die polnischen warte. Aber dass die Polen wiederentdecken, dass auch sie seit jeher Sauerteigbrot und Ziegenkäse kennen, dass sie neben Sushi und Paella Risotto aus Perlgraupen und roter Beete kochen können, finde ich gut. Und dass wir – deutsche wie polnische – Mitteleuropäer Kraut und Rüben wiederentdeckt haben.

Manchmal laufe ich durch Schwabing auf der Suche nach einem Stück Fleisch und fühle mich wie meine in den Jahren der Wirtschaftskrise von der Arbeit heimkehrende Mutter, die ebenfalls versuchte, Proteine zu »organisieren«. Der Unterschied ist: Sie traf auf leere Läden, während ich an Geschäften voller Fleisch vorübergehe und an Bakterien im Truthahnfleisch, den Vogelgrippevirus im Hühnerfleisch, Schummel-Bio-Eier, Pferdefleisch im Rinderhack, Schweinegrippe im Schweinefleisch, Schwermetalle im Fisch und zwischendurch immer wieder an die Ökobilanz denke. Und in letzter Zeit auch an das deutsche Bestseller-Buch *Anständig essen*, auf dessen Umschlag ein lebendiges, kuscheliges Kaninchen auf einem Teller sitzt, während ein Händepaar mit Gabel und Messer darüber harrt.

Und wenn ich nicht zum teuren Biosupermarkt fahren und dort das garantiert nicht aus Massentierhaltung stammende Fleisch zum Preis eines kompletten Mittagessens für drei Leute inklusive Dessert und Getränke besorgen will, kaufe ich Quark – bei uns wird es mal wieder Pellkartoffeln mit Dipp geben. Friedrich II. wäre stolz auf mich, vielleicht auch Thilo Sarrazin: Als vorbildliche Ausländerin ernähre ich meine Familie leicht und gesund, so werden wir den Krankenkassen nicht allzu sehr zur Last fallen. Und die Familie liebt dieses Essen.

Als Folge der Mangelwirtschaft waren meine ansonsten vielbeschäftigten Eltern stets dabei, auf dem Land Fleisch zu besorgen. Auf der Liste der gesunden, frischen und umweltbewusst produzierten Lebensmittel würde es heute ganz oben landen.

Und auch sonst wurde einiges unternommen, mich in die Welt des kulinarischen guten Geschmacks einzuführen. Meine Großmutter stammte aus dem im Nordosten gelegenen Podlasie, wo sich polnische kulinarische Traditionen mit deutschen, litauischen und jüdischen auf das Leckerste vermischten. Sie bereitete uns Speisen zu, die keine meiner Freundinnen aus der Schulzeit kannte und von denen ich einige später dafür in Deutschland wiederentdeckt habe. Kartoffelklöße mit Fleischfüllung, Kartoffelkuchen mit Speck, Wild mit Preiselbeeren, kalte Kirschsuppe mit Weißbrotwürfeln, Wurstbrote mit Apfelscheiben. Und Dampfnudeln – das Einzige, was ich von all dem als Kind mochte. Vielleicht noch ihren Käsekuchen aus krümeligem, säuerlichem polnischem Quark, den es hier höchstens in polnischen Läden gibt. Aber so weit reicht mein Patriotismus nicht: Der Kuchen ist sehr aufwendig in der Zubereitung. (Man frage niemals eine polnische Hausfrau, warum man den grieseligen Quark dreimal durch den Fleischwolf jagen muss, wenn man auch den normalen deutschen Quark in praktischen Plastikbehältern haben kann, dessen Konsistenz am Ende dieselbe ist. Das ist, als fragte man, warum die polnische Wurst am besten ist. Es ist einfach so.)

Zu Dampfnudeln gehört in Bayern die Vanillesoße wie die Currysoße zur Berliner Currywurst. Im Trubel des Oktoberfests tat ich in einer Septembernacht etwas Verrücktes: Ich bat die Verkäuferin am Dampfnudeln-, Apfelküchle-, Ausgezogenenstand darum, mir eine Portion dieser Süßspeise ohne Soße zu geben. Sie verurteilte mich nicht, sondern lächelte, was mich dazu ermunterte, sie noch um etwas Sahne zu bitten, so wie meine Großmutter die Dampfnudeln serviert hatte. Die Standverkäuferin drehte sich wortlos um, und als ich schon dachte, sie habe keine Lust mehr, sich am Ende eines langen Wiesntages mit den Extravaganzen einer überspannten Ausländerin abzugeben, kehrte sie mit einem großen Berg Schlagsahne zurück. Das aber war überhaupt nicht dasselbe wie die vom Bauernmarkt mitgebrachte saure Sahne, die meine Großmutter mit Zucker verrührt hatte (dass man dazu in Bayern »Sauerrahm« sagt, während »Sahne« was ganz anderes ist, wusste ich bis dahin nicht), doch die Selbstverständlichkeit, mit der die temperamentvolle Dame im Dirndl auf meinen Wunsch einging, schenkte mir mitten in Bayern ein Gefühl, hier könne ich wie zu Hause essen.

Bei den Vorbereitungen zu großen Festen bei uns zu Hause hätte man – trotz der Mangelwirtschaft – so manche Szene aus bekannten Filmen übers Essen wie *Babettes Fest* und *Chocolat* oder *Bella Martha* drehen können: wochenlanges Einkaufen, Abhängen von Wild (der arme Hase auf dem Balkon …), Schuppen, Einreiben, Einlegen, Vorkochen, Raspeln, Räuchern, Dämpfen. Polen können schon ein wahres Theater um die Essenszubereitung machen, und es dreht sich viel um den Tisch. Gastfreundschaft ist eine Eigenschaft, die den Polen nachgesagt wird und auf die sie selbst stolz sind. Wie ist es also möglich, dass die Deutschen, dass meine Bayern die polnische Küche nicht kennen? Warum geht man hier so gerne »zum Griechen« oder »zum Inder«, aber nie »zum Polen«? Warum können Mexikaner, Türken, Perser, Vietnamesen und Italiener die Deutschen kulinarisch verwöhnen, nicht aber die Polen, die so viel von gutem Essen verstehen?

Zum einen vielleicht, weil meine polnischen Landsleute zwar deutschlandweit die größte Immigrantengruppe bilden, aber auch die am wenigsten sichtbare? Weil sie hier womöglich am besten integriert sind, dafür am wenigsten interessant scheinen?

Und weil deren Küche der deutschen gar nicht so unähnlich ist? Zum anderen ist es eine Tatsache, dass das Interesse der Polen an den Deutschen immer schon viel größer war als umgekehrt. Neben ökonomischen, politischen und sprachlichen Gründen spielt sicher auch das mitteleuropäische launische Wetter eine Rolle – Polen ist nie ein traditionelles Urlaubsland der Deutschen gewesen. Man kann sich aber sowieso schwer vorstellen, dass eine deutsche Familie sich nach einem schönen Urlaub über die dampfende Servierplatte voller Sauerkraut mit Kümmel beugt und sehnsüchtig sagt: »Wie in Südpolen!«

Der Gerechtigkeit halber muss man erwähnen, dass auch die deutsche Küche in Polen so gar keinen Ruf hat. Außer Schweinshaxe »nach bayerischer Art« und dem Tee mit Milch, der aus irgendeinem Grund *bawarka* (»die Bayerin«) heißt, ist das deutsche Essen den Polen nur in Ausnahmefällen ein Begriff.

In unseren Sommerferien in Ostpolen kaufen wir zweimal pro Woche Brot ein – der Bäcker-Lieferwagen bringt es in unser kleines Dorf. Essen auf Rädern, angekündigt vom vorauseilenden Hundegebell. Es wird jedes Mal ein *challa* gekauft, der traditionelle Hefezopf der Juden aus der Lubliner Region. Zum Frühstück tunke ich die Scheiben in mit Milch verquirltes Ei und brate sie in Unmengen von Butter. Wir nennen es »französischen Toast«, genauso wie die Deutschen. Haben wir Mitteleuropäer eine Neigung, alles »französisch« zu nennen, was nach »besserem« Essen aussieht? Sind wir von demselben Virus befallen, alles, was aus dem Süden kommt, für das Richtigere, Lebenswertere zu halten?

Zusammen mit Königin Bona Sforza, der Gemahlin von König Sigismundus dem Alten, kamen italienische Architekten, Künstler, Weine und viele Gemüsesorten nach Polen. Bis heute wird Suppengrün *włoszczyzna* genannt – Italienerzeug. Und der Name des polnischen Gurkensalats (mit Sahne, Dill und einer Prise Zucker), der auf Polnisch *mizeria* heißt, ist ebenfalls lateinischen Ursprungs. Laut Überlieferung war die Sehnsucht der Königin nach Italien so groß, dass sie beim Anblick von frischem, im Polen des 16. Jahrhunderts noch nicht so verbreitetem Gemüse laut »Miseria!« rief. Eine andere Version besagt, dass die Monarchin über die polnische Zubereitungsart entsetzt war.

Vielleicht haben Polen, da sie jahrzehntelang zwangsweise weniger mobil waren als Deutsche, sogar eine noch stärkere Affinität zum Süden als ihre westlichen Nachbarn. Sonst würden sie die weißen Bohnen in Tomatensoße mit Räucherspeck nicht Bohnen »nach bretonischer Art« nennen, die in der Bretagne gänzlich unbekannt sind, oder den mit Wurzelgemüse und Tomaten gedünsteten Fisch »griechischen Fisch«, von dem in Griechenland freilich noch nie jemand gehört hat.

Umgekehrt die Deutschen. Sie scheinen das Südländische schon so verinnerlicht zu haben – man denke an Goethe oder an die erste Welle der Italienurlauber in den fünfziger Jahren –, dass sie die italienischen Gerichte samt deren Namen eins zu eins übernommen haben. Heute hört man in Bayern ernsthafte Diskussionen darüber, ob man ein (einen?) Zucchino kauft oder ein Zucchini, was eigentlich Plural ist, allerdings der italienische. Oder ob man zwei Espressi bestellt oder lieber auf Nummer sicher geht und »zweimal Espresso« ordert. Spaghetti – hier lautet die Einzahl ganz unitalienisch einfach »Nudel«, wie man seit Loriot weiß – sind so deutsch wie Königsberger Klopse. Vielleicht noch mehr, denke ich, wenn ich Kinder »Schbacketti« verlangen höre, während ihnen in Polen trotz ihres Rufs als einfaches Gericht und trotz der königlichen Italien-Connection jahrzehntelang eine Aura des Exotischen anhaftete. Und das nicht nur, weil wir keinen Goethe hatten. Wer fuhr da von hinter dem Eisernen Vorhang schon hin? Dabei ist sogar in der polnischen Nationalhymne die Rede von »italienischer Erde«, von der die vertriebenen Patrioten in ihre Heimat zurückkehren, um dort für die Freiheit zu kämpfen. Daran, Nudeln mitzubringen, haben sie wohl weniger gedacht. Heute sagt man »Pasta«, wenn man das italienische, immer noch als etwas snobistisch empfundene Essen in Restaurants meint, und »Nudeln« zu der Mehlspeise zu Hause, die seit jeher selbst gemacht und nie, niemals! al dente gekocht wird.

Früher geriet ich auf meinen »Heimatreisen« in Versuchung, den nun auch hier langsam eingetroffenen Wohlstand, der sich in einer Fülle an verfügbaren Gütern zu allen möglichen Zeiten manifestierte, lauthals schlecht zu finden – sehr zur Irritation meiner Freunde. Erdbeeren im Januar? Äpfel aus Neuseeland? Wer braucht das bitte? Bis vor Kurzem konnte man auf denselben Stadtmärkten nur heimische Äpfel kaufen, und anstatt ausgefallener Zitrusfrüchte übernahm Sauerkraut die Rolle der Vitaminbombe. Meinetwegen, dachte ich, könnte es so weitergehen. Schließlich besinnen sich die reichen Deutschen auch wieder auf Sauerkraut vom Fass, Winterkräuter im Winter und unförmige Bioäpfel.

Müssen wir denn den Westen, predigte ich, in allem nachäffen, also auch in seinem unsinnigen Luxus? Meine edle Regung war aber mehr oder weniger geheuchelt. Als gäbe es in den deutschen »gut sortierten« Supermärkten nicht auch Gemüse und Obst aus allen möglichen Ländern zu jeder Jahreszeit. Und sosehr ich mich anfangs dagegen wehrte, diese auch zu kaufen (wie um mir selbst zu beweisen, dass ich nicht das Mädchen aus dem armen Ostblock mit einem enormen Nachholbedürfnis spielen und angesichts solch bunter Vielfalt andächtig verstummen müsse), so gerne genehmige ich mir inzwischen französische Walnüsse, ohne auf die deutschen zu warten, den italienischen Jungspinat oder türkische Tomaten im Frühsommer und neuseeländische Äpfel im März. In meiner Vergangenheit aßen wir zu Hause frisches Obst nur solange es sich aufbewahren ließ. Irgendwann war die Kiste mit den vom Land mitgebrachten Äpfeln alle, und die letzten Äpfel, die man zum Schulbrot bekam, waren so schrumplig, dass man sie heute selbst in den politisch korrektesten und umweltbewusstesten deutschen Bioläden wortlos entsorgen würde.

Später kam in den obstlosen Monaten dann die Sauerkrautzeit, und danach erst gab es die ersten Radieschen und Gurken aus dem Treibhaus, die man scheibchenweise aß – nicht nur, weil sie teuer wie Kaviar waren, sondern auch, weil meine Schrebergarten-verwöhnten Eltern ihnen nicht ganz trauten, was den prozentualen Gehalt des Gemüses im Gemüse im Vergleich zur Chemie im Gemüse anbelangte.

Und wenn ich mich heute mit ökologisch nicht ganz korrektem, weit gereistem, nicht-deutschem Gemüse verwöhne, dann nur teilweise aus Nachholbedarf. Die Entdeckung, die ich zufällig mit Hilfe eines sympathischen Fernsehkochs machte, versetzte mir nach Jahren der Entbehrungen einen kleinen Schock. Ich, die ich blind auf die umweltbewussten Deutschen vertraut habe, musste dank eines Experiments von Nelson Müller erfahren, dass nicht jede Ware, die wir als Bio bezeichnen und die aus lokalem Anbau kommt, automatisch umwelt- und gesundheitsbewusster sein muss. Um nur ein Beispiel zu nennen: Im Fall der Äpfel aus Neuseeland, die man containerweise nach Deutschland importiert, fällt die Energiebilanz deutlich positiver aus als bei heimischen, aufwendig gelagerten und gekühlten Früchten. Was meiner neu erworbenen deutschen Korrektheit einen zusätzlichen Dämpfer verpasste, war die Erkenntnis, dass die Bioäpfel halb so teuer sein könnten, würde man beim Sortieren darauf verzichten, ungefähr die Hälfte aufgrund ihres weniger ansprechenden Äußeren wegzuwerfen. So viel zum Mythos, dass Bio-Nahrung teurer sein muss.

Einkaufen in Deutschland ist für mich ein stetes Lavieren zwischen Nostalgie, Vernunft und Entdeckungsfreude. Bei meinem Vater hat das frisch aus dem Garten gebrachte Gemüse besser gerochen und besser geschmeckt. Die Erkenntnis, dass im Industrieland Deutschland alles sowieso längst nicht mehr die Nährstoffe hat wie früher, da es auf ausgelaugtem Boden gewachsen ist, und dass der Blattsalat den Nährstoffwert eines Papiertaschentuchs hat, müsste uns alle zu Anhängern des neuesten Trends machen, nur Wildkräuter zu essen oder eigentlich zu trinken, zermahlt in Mixern zum Preis eines Kleinwagens und genauso laut.

Doch dazu machen das Einkaufen auf deutschen Wochenmärkten (die Grünkohlschlange vor der Kulisse der Münchner

Pinakothek der Moderne) und die Fachsimpeleien über das Essen mit meinem türkischen Gemüsehändler einfach zu viel Spaß. All das erinnert mich an die Marktbesuche mit meiner Oma. Gefiel ihr der Blumenkohl nicht, scheute sie sich nicht, dem Verkäufer dies gnadenlos mitzuteilen und weiterzuziehen. Sie wäre nicht ganz zufrieden mit mir – ich nehme oft kleine Mängel eines Blumenkohls oder einer Zitrone in Kauf, wenn ich weiß, dass es dem Geschmack keinen Abbruch tut. Als gute deutsche Hausfrau und europäische Bürgerin möchte ich Nachhaltigkeit walten lassen.

In der vorkapitalistischen Ur-Zeit hatte man als Besucher aus dem Westen etliche Möglichkeiten, polnischen Freunden mit den Mitbringseln eine Freude zu machen. Edle Süßigkeiten, exotische Gewürze und Nüsse aus orientalischen Läden. Mit der Zeit wurde es schwieriger, der Globalisierung und dem deutschen Export sei Dank, sogar den jahrelangen Renner, die Ritter-Sport-Schokolade, kauft meine Mutter mittlerweile in ihrem Laden an der Ecke, und meine Schwester holt sich ihren geliebten pakistanischen Kumin im Supermarkt. Natürlich, man kann immer noch ausgefallene Pralinen aus den teuren Abteilungen der Glitzer-Kaufhäuser und schrecklich gesunde Biosachen wie helles Miso oder Puffdinkel in weißer Bio-Schokolade in den Koffer packen, aber so richtig cool und ungewöhnlich ist das alles nicht mehr. In Polen kann man sich mit Bioware eindecken, die aber nicht als solche gekennzeichnet, also auch noch zu Spottpreisen zu haben ist: mit heimischem Spargel (man staune, der polnische Spargel wächst tatsächlich in Polen), dem besten kalt gepressten Rapsöl, direkt vom

Bauern im Oktober, oder dem in Fantaflaschen abgefüllten Leinsamenöl. Und doch habe ich etwas gefunden, womit ich meiner gern kochenden Mutter, meiner vegetarischen Schwester, meiner wählerischen Tante samt etlichen Nachbarinnen Freude machen kann. Das Geschenk ist groß, schwer, nimmt viel Platz im Kofferraum und sieht nach was aus: deutsches Sauerkraut aus der Dose.

… oder kann das weg? – deutsche Ordnung und Sauberkeit

Gründe für eine Scheidung kann es zahlreiche geben. Wenn ich nicht anders als mit einem inneren Kichern an dieses Thema denke, so ist die deutsche Literatur daran schuld. In einer Erzählung von Axel Hacke lässt sich eine Frau von ihrem Mann scheiden, weil dieser ein seltsames Ritual pflegt und sich an jedes Mittagessen mit dem Spruch »Sodele Nudele« macht. Ein eher untypischer Fall, denn, wie ein Meinungsforschungsinstitut vor wenigen Jahren herausfand, streiten die meisten deutschen Paare wegen unterschiedlicher Auffassungen von Ordnung und Sauberkeit.

Auch Unordnung kann man unterschiedlich definieren. Eine befreundete Deutsche älterer Generation pflegte früher beim Betreten meiner im Chaos versinkenden Wohnung zu sagen: »Bei dir ist es immer so gemütlich!« Womit sie die sich stapelnden Zeitungen, herumfliegenden Manuskripte, Windeln und sonstige Babysachen gemeint haben dürfte, die den charakteristischen Wohnen-und-Arbeiten-mit-einem-Kleinkind-Salat ergaben. In den Kindergartenjahren unserer Tochter stellte ich mir angesichts der eifrig von ihr in der Kita hergestellten Salzteigfigürchen oder mittels der Klebepistole gezauberten Konstruktionen aus Holzstückchen, alten Zahnbürsten und bunten Glasperlen, für die bald der Platz auf dem Fensterbrett fehlte, oft selber die berühmte Frage aller Mütter und Putzfrauen: »Ist das Kunst, oder kann das weg?« Basteln nannte Ida in dieser Zeit übrigens »arbeiten«. Die beliebten Spiele von ihr und ihren Kindergartenfreunden waren dagegen, wie zum Ausgleich, das Spülen von Geschirr – leider nur Puppengeschirr – und Schuheputzen. Diese Entwicklungsphase war schmerzhaft kurz, danach hatte ich nie wieder so schön polierte Schuhe.

Bald guckte ich mir die Szene aus *Mary Poppins*, wo die Nanny mit etwas Magie die Kinder dazu bringt, das Chaos aus Kleidungsstücken, Büchern, Spielsachen und Bettwäsche selbst und sogar gerne zu beseitigen, nicht nur mit Begeisterung für die grandiose Julie Andrews an, sondern auch mit Neid. In Haushalten ohne Mary Poppins sind alle erzieherischen Bemühungen rund ums Kinderzimmer eine Mischung aus Drohen, Erpressen und Resignieren. Den deutschen Eltern geht es da – ich weiß das aus direkten Erfahrungsberichten – nicht anders als den britischen, polnischen oder israelischen. Ordnung steht bei der jungen Generation nicht hoch im Kurs, und wir Eltern stoßen beim Anblick des Kinderzimmers einen gemeinsamen transnationalen Seufzer aus.

Auch weiß jeder, der schon mal ein paar Tage auf dem Land verbracht hat und im täglichen Besenkampf den Spinnen die Stirn bieten musste, um die Haus- und Verandaübernahme durch die Achtbeiner zu verhindern, dass das tägliche Ordnungmachen ein wahrer Kampf gegen das Chaos sein kann. Die Ordnung der Natur verträgt sich oft schlecht mit der Ordnung, wie sie die Menschen definieren. Wenn die ganze Welt den Deutschen nachsagt, sie würden Ordnung besonders lieben, kommt man nicht umhin zu fragen, ob auch die deutsche Ordnungsliebe nicht eine Sache der Definition ist, ähnlich wie bei den streitenden Paaren, den Kinderzimmern und den Spinnen. Ist Unordnung für die Deutschen etwas anderes als für die Polen oder Italiener? Haben sie womöglich besonders viel Chaos zu bewältigen? Oder macht es ihnen am Ende mehr Spaß, dieses zu beseitigen? Die Deutschen können die Ordnung nicht erfunden haben, das weiß jedes Kind, das im Geschichtsunterricht etwas über römische Legionstruppen gelernt hat – oder kann sich jeder denken, der schon mal von der japanischen Teezeremonie gehört hat. Letztere ist sehr alt – älter als deutsche Städte und deutsche Wohnzimmer –, verläuft nach strengsten Regeln und soll zur inneren Einkehr führen. Die ihr zugrunde liegende Zen-Philosophie, die nicht nur in Japan vermittelt wird, sondern vor allem im Westen – zu dem Polen ungeachtet der »Osteuropa«-Zuordnung auch zählt –, spricht viele nicht zuletzt wegen des einfach zu begreifenden Konzepts an, sich von allem Überflüssigen zu befreien und auf das Hier-und-Jetzt zu besinnen. Die praktische Umsetzung der Zen-Philosophie fand in letzter Zeit im Titel einer populären deutschen Buchreihe ihren Ausdruck: *Simplify your life*, mit Untertiteln wie »Küche, Keller, Kleiderschrank entspannt im Griff« oder »Ordnung im Büro und Zuhause«. Das klingt irgendwie modern und spricht gleichzeitig die uralten deutschen Instinkte an.

Früher oder später sieht sich jeder Ausländer mit der deutschen Ordnungsliebe konfrontiert. Schon die bunten Felder, die man beim Anflug auf einen deutschen Flughafen erblickt, sehen anders aus als in anderen Gegenden der Welt – sogar die Landschaft ist in Deutschland ordentlicher. Schon längst werden die Deutschen nicht mehr dafür belächelt, dass sie ihren Müll trennen, stattdessen gilt ihr Verhalten vielerorts als nachahmenswert; dass die Münchner Straßen und U-Bahnhöfe gefegt werden, bevor sich dort auch nur eine Andeutung von Schmutz festsetzen kann, wird bewundert; dass die Winterschuhe nach einem Deutschlandbesuch zu Weihnachten keine Salzspuren tragen, weil die Bürgersteige hier rechtzeitig geräumt werden, während in polnischen Städten großzügig gestreutes Salz das Mittel der Wahl gegen das dicke Eis ist, wird würdigend zur Kenntnis genommen. Gleichzeitig fällt einem Besucher umso mehr auf, wenn in Deutschland etwas nicht so funktioniert wie gewohnt. Eine kaputte Rolltreppe, eine ausgefallene Straßenbahn oder ein verspäteter ICE rütteln den strukturierten Alltag mächtig durcheinander, setzen aber ungeahnte Kräfte frei und geben einem das Gefühl, ein Survivor im Zivilisationsdschungel zu sein.

Einen Versuch, das Wesen des deutschen Ordnungssonderwegs zu verstehen, macht beiläufig der polnische Autor Andrzej Stasiuk, für gewöhnlich das Sprachrohr des Ostens in Deutschland. In seinem Buch *Dojczland – Ein Reisebericht* (ein

Tribut an das Land, in dem fast alle seine Bücher und regelmäßig seine Artikel in der Presse veröffentlicht werden) kommt er auf sein kompliziertes Verhältnis zu dem Nachbarland zu sprechen, das zu verstehen ihm viel schwerer fällt als »die Welt hinter Dukla« – das »schlechtere Europa« im Südosten. In einer Passage aus *Dojczland* findet sich die typische Mischung aus Ironie, Sympathie und Distanz des »literarischen Gastarbeiters«, es geht um Ordnung, begriffen als Tradition und Form: »Ja, die Morgenstunde sollte der Mensch in Deutschland verbringen, wenn die Städte zum Leben erwachen. Der Duft von Kaffee, der Duft von Brot, der Beginn des Betriebs, es wird geöffnet, die Jalousien gehen hoch, Stühle werden herausgestellt, Tische blank poliert. […] die frisch gewaschenen Bürgersteige trockneten in der Sonne. […] Ich wollte immer bleiben […] und beim Kaffeetrinken zusehen, wie die Deutschen zum Leben erwachen […], wie sie Ordnung ins Chaos bringen, den Aberwitz der menschlichen Existenz zu zügeln versuchen. Tassen und Salzstreuer, Tischdecken und Blumen, Möbel, die den Eindruck erwecken, sie stünden schon seit Ewigkeiten an ihrem Platz. […] Ich guckte und dachte an Deutschland als Land der Form. Ach – sagte ich mir im Stillen –, ohne die Form wüsstet ihr gar nicht recht, was ihr mit eurem deutschen Sein anfangen solltet. Das Deutschsein würde euch in Stücke reißen.«

Als Polen 2004 in die Europäische Union aufgenommen werden sollte, erschien in der deutschen Presse kaum ein Interview mit polnischen Intellektuellen und Künstlern, ohne dass sie danach gefragt worden wären, was Polen denn in die Union einbringen würde. Auf solche Fragen antwortete Stasiuk nicht nur nüchtern mit einer Gegenfrage (»Und was brachte Deutschland der EU?«), sondern verfasste einen bald überall zitierten Artikel, in dem er die westlichen Europäer vor den barbarischen Horden aus dem Osten warnte, die nach der Osterweiterung auf den Champs-Elysées ihre Lager aufschlagen und womöglich ihre Schafherden über die gepflegten Altstadtmärkte der europäischen Metropolen treiben würden. Auch die in Deutschland populäre Autorin Olga Tokarczuk antwortete knapp auf die Frage nach dem polnischen EU-Beitrag: »Vielleicht ein bisschen Chaos.« Und benannte bei der Gelegenheit eine wichtige polnische Eigenschaft: »Stabile Krise.« Dies sei ein natürlicher gesellschaftspolitischer Zustand in Polen. »Es ist zu befürchten, dass jede Normalisierung der Verhältnisse gesellschaftliche Unruhen hervorrufen könnte.«

Der aus polnischer Innensicht zugleich als Stärke und als Untugend wahrgenommene Zustand war im Deutschen seit je unter dem Namen »polnische Wirtschaft« eine überwiegend negativ besetzte Metapher des »Rückständigen«, »Unwirksamen«, der »polnischen Unordnung«. Der polnische Germanist Hubert Orłowski behauptet, das moderne deutsche Bild Polens stehe immer noch im Bezug zu diesem Klischee. Als »Nebenprodukt der Wertevorstellungen der deutschen Aufklärung« hätte es zum deutschen Selbstwertgefühl beigetragen.

Die Historiker sehen den Grund für die Entstehung dieses Klischees in der recht ungleichen Entwicklung unserer Gesellschaften: Als die pragmatischen bürgerlichen Tugenden wie Fleiß, Sparsamkeit, Ordnung gegen Ende des 18. Jahrhunderts zu »deutschen Tugenden« wurden, die Nationalstaaten, darunter der deutsche Staat, im Entstehen begriffen waren und die

Modernisierung in ganz Europa einsetzte, genau dann verlor Polen infolge der Teilungen seine Staatlichkeit. Das nationale Bewusstsein Preußens, einer der Teilungsmächte, mit seinen Strukturen eines reformierten Staatswesens, entwickelte sich in Opposition zu Polen und seinem »Chaos«.

Noch in der jüngsten Geschichte, im Bruderland DDR, lebte das Vorurteil »polnische Wirtschaft« mit ungebremster Kraft. Die SED brachte es 1981 bewusst in Umlauf, um den polnischen Widerstand zu diskreditieren. Die Polen haben jedoch den Kommunismus – »fachkundig und diskret« (Tokarczuk) – abschütteln können. Dank ihres Bedürfnisses, jegliche aufgezwungene Ordnung zu zersetzen, und der typisch polnischen Fähigkeit, sich in Krisensituationen zu mobilisieren, hatten sie noch vor dem Fall der Berliner Mauer mit Tadeusz Mazowiecki den ersten demokratisch gewählten Premier des Ostblocks nach 1945. Und konnten eine selbstbestimmte Ordnung einführen. Die heute gut funktionierende »polnische Wirtschaft« verlieh dem verhassten Stereotyp eine eindeutig positive Konnotation und ist heute ein Beweis dafür, dass es sich durchaus lohnt, sich gegen unüberwindbar scheinende Strukturen aufzulehnen.

Lange bevor die EU Wirklichkeit und zu einem allumfassend regulierenden Mechanismus wurde, entstand im 19. Jahrhundert in Deutschland die Idee eines geeinten Mitteleuropas. Während dabei ursprünglich an eine Föderation aus Deutschland, Polen und den Donauslawen gedacht war – als Gegengewicht zu den Großmächten Russland und Österreich –, schwebte dem liberalen Politiker Friedrich Naumann während des

Ersten Weltkriegs ein Staatenbund unter der Führung Deutschlands vor, den er den Tschechen, Polen und Ungarn mit einem ehrlichen Geständnis schmackhaft machen wollte: »Die deutsche Masse will organisiert auftreten, das ist ihr Lebensprinzip.« In seinem Kommentar dazu betont der polnische Germanist Leszek Żyliński aber, dass der deutsche Ordnungssinn keineswegs etwa dem Herdentrieb und Kadavergehorsam zuzuschreiben ist, wie das gängige Vorurteil über die Deutschen lautet, sondern vielmehr der Widersprüchlichkeit ihrer Natur. Er attestiert den Deutschen eine »wahrlich faustische Begabung«, durch die auch Gutes in sein Gegenteil verkehrt werden kann. »Egal ob als Flucht aus der Wirklichkeit oder eine übermäßige Hybris, diese Wirklichkeit nach eigenem Muster zu formen, wird dieses deutsche Streben [...] überall als gefährlich und furchterregend empfunden.«

In dem berühmt gewordenen Streit von 1982 entgegnete Oskar Lafontaine dem damaligen Kanzler Helmut Schmidt, der zu bürgerlichen Tugenden wie »Pflichtgefühl, Berechenbarkeit, Machbarkeit, Standhaftigkeit« mahnte, das seien Sekundärtugenden. »Ganz präzis gesagt: Damit kann man auch ein KZ betreiben.«

Erschütternd ist Wolfgang Sofskys 1993 veröffentlichte Studie der »Vernichtung durch Organisation« mit dem Titel *Die Ordnung des Terrors: Das Konzentrationslager* nicht deswegen, weil sie die Nazis als das personifizierte Böse darstellt, sondern weil sie klarmacht, dass der Terror von den »ganz normalen Menschen«, von liebevollen Vätern und Ehemännern ausgeübt wurde. Sie waren keine ideologiebesessenen Fanatiker oder Monster, sondern wurden es durch die »Ordnung des Terrors«.

Und die Massenvernichtung von Menschen sei zwar nicht nur ein deutsches Phänomen, aber zum ersten Mal geschah »der Völkermord mit Hilfe einer bewährten staatlichen Verwaltung, mit einem öffentlichen Dienst der Ausrottung«. Mit der Einrichtung von Todesfabriken »ist nicht nur ein neuer Modus des Tötens erreicht, sondern auch ein Gipfelpunkt in der negativen Geschichte sozialer Macht und moderner Organisation«.

Wer in den letzten Jahrzehnten Warschau besucht und über seine herbe Schönheit vielleicht zunächst die Nase gerümpft haben sollte, wurde sicher von einem Einheimischen früher oder später daran erinnert, dass die einst wunderschöne Stadt zu über neunzig Prozent von den Deutschen im Krieg zerstört wurde. Häuser, die wie durch ein Wunder die Bombardierungen und beide Aufstände überdauert hatten, haben die deutschen Brand- und Sprengkommandos noch kurz vor Kriegsende systematisch und gründlich in Schutt und Asche gelegt. Hier sollte kein Stein auf dem anderen bleiben.

Der polnische Autor Kazimierz Brandys, der als Warschauer Jude den Krieg mit »arischen« Papieren überlebte und sich im Untergrund engagierte, schrieb zu der »faustischen Begabung« der Deutschen: Als Touristen »verstehen [sie] sich aufs Besichtigen – sie tun es systematisch, eifrig, in disziplinierten Gruppen, in der Hand den Baedeker [...] und hartgekochte Eier in Nylonverpackung. Es ist eine fleißige, emsige Touristik, man kann ihr nichts vorwerfen – aber ich kann mich des Gedankens nicht erwehren, dass diese Väter der Touristik seit hundert Jahren das inventarisieren, was noch der Zerstörung harrt.«

In seinem Buch *Das Faust-Syndrom* schrieb der Franzose Bernard Nuss von der »inneren Verwirrung« der Deutschen, die widersprüchliche Verhalten und Wünsche erzeugte. Der Deutsche habe »keinen geradlinigen Charakter«, ihm fehle »der Sinn für Ebenmaß und Toleranz«. Und »weil Deutsche diese Schwäche nur zu gut kennen, waren sie gezwungen, zuerst sich selbst zu disziplinieren, dann ein System von drakonischen und strengen Vorschriften zu schaffen und schließlich einen Mythos der Ordnung auszudenken, der diese Zwänge in Tugenden verwandelt«.

In ihrem aufschlussreichen Essay zur Ordnungsliebe aus dem Buch mit dem bescheidenen Anspruch, die deutsche Seele zu ergründen (*Die deutsche Seele*), stellt Thea Dorn fest: »Die Geburt des deutschen Bürgertums erfolgte weniger aus dem Geist der Freiheit als aus dem Geist der Ordnung.« Leszek Żyliński betont: »Im Obrigkeitsstaat fand der deutsche Bürger eine angemessene Lebensform. Hier galten Pflicht, Ordnung und Gerechtigkeit.« Freiheit wiederum zählte, so Żyliński, zum Bereich der Innerlichkeit, die andere Nationen bis heute gerne als deutsche Ernsthaftigkeit bezeichnen. Sie war die Art und Weise des Bürgertums, mit seiner politischen Machtlosigkeit im Obrigkeitsstaat umzugehen. »In der Geschichte der letzten Jahrhunderte wirkten die Deutschen sowohl in ihrem Pflichtbewusstsein und in ihrer Ordnung als Lebensprinzip als auch in der Weltfremdheit der Innerlichkeit maßlos und unberechenbar.« Thomas Mann schrieb 1945: »Das böse Deutschland, das ist das fehlgegangene gute.«

Im großen Reichtum der internationalen Sprichwörter zum Thema Ordnung (darunter das tief philosophische deutsche Bonmot: »Ordnung ist das halbe Leben.« Man könnte die kühne Frage stellen: Ist die andere Hälfte dann Unordnung?) findet sich neben vielen deutschen, einigen chinesischen, englischen, auch vereinzelten brasilianischen oder ungarischen Weisheiten keine einzige polnische. Mir fallen beim Schlagwort »Ordnung« aber sofort zwei Sätze ein, die ich mein ganzes Vor-Erwachsenen-Leben lang in Polen gehört habe. Der eine klingt immer noch auf Polnisch in meinen Ohren, der andere auf Deutsch.

Meine Oma, die weder protestantisch war noch irgendetwas von der Zen-Philosophie wusste, pflegte in ihrem beschäftigten Alltag zu sagen, die Dinge müssten *po porządku* »ordentlich, der Reihe nach« gemacht werden. Und es hat bei ihr gut funktioniert. Selbst die aufwendigen Vorbereitungen fürs Weihnachtsfest (das in einem polnischen Haus zwar ein dionysisches Fest ist, aber akribisch vorbereitet werden muss) mit zweiwöchigem Einkaufen, Vorkochen, Einlegen, Vorbacken und großem Parkettwienern oder das tägliche Versorgen einer Großfamilie empfand sie nie als Stress und lästige Pflichterfüllung. Sie glichen eher einer Zen-Übung und gleichzeitig einem Mary-Poppins-Abenteuer. Wir Kinder haben gerne geholfen, nicht nur wegen dem »Löffelchen voll Zucker«, das sie für uns natürlich hatte, sondern auch, weil sich diese Ruhe ausstrahlende Ordnung, die sie in unser Leben brachte, auf uns übertrug.

Der zweite Satz aus meiner Jugend stammt von meinem Vater, der gern sein Schuldeutsch herauskramte und beim Betreten unserer Mädchenzimmer im Original verkündete: »Ordnung muss sein!« Gab meine Mutter das Kommando zur samstäglichen Putz- und Aufräumaktion, war er es, der mit einem Staubtuch über die wenigen freien Stellen in meinem Mobiliar zwischen Büchern und Abinotizen fuhr. Nach einer Woche im Anzug mit Krawatte hatte er eindeutig Freude daran, eine sichtbare Ordnung herzustellen. Anschließend ging er immer kochen.

Obwohl die Gender- und Feminismusdebatte in Polen entsprechend später einsetzte als in Deutschland, war mein Vater keine so große Ausnahme, scheint mir. Dennoch ist der sich im Haushalt nützlich machende polnische Mann ein eher unbekanntes Bild in Deutschland. Hier kennt man eher die »polnische Putzfrau«.

Was für eine Freude: eine polnische Autorin namens Justyna Polanska auf der deutschen Bestsellerliste. *Unter deutschen Betten. Eine polnische Putzfrau packt aus* klingt stark. Der Untertitel irgendwie nach investigativem Journalismus und der Haupttitel irgendwie nach Freud. (Wofür würde wohl bei Freud das Unter-die-Betten-Gucken stehen?) Das Buch ist so bedeutend, dass es in den deutschen Feuilletons und Fernsehsendungen besprochen wird. Und nicht nur das: Es wird ins Polnische übersetzt und somit auf beiden Seiten der Oder diskutiert. In einem renommierten Theater in Ostpolen wird es in der Adaption von einem hippen jungen Regisseur inszeniert. Das Thema bewegt Deutsche und Polen gleichermaßen, und – selten genug – es geht ausnahmsweise nicht um den Zweiten Weltkrieg. Es geht ums Putzen und das wandelnde Klischee: die polnische Putzfrau.

Deutschland ist begeistert. So eine lustige, zupackende Frau mit starken Händen, die zu ihrem Putzfrau-Sein steht und den

Deutschen den Spiegel vorhält, ihnen zeigt, wie viel Dreck sie trotz ihres Images als Ordnungs- und Sauberkeitsfanatiker unter den Betten haben und wie unfreundlich sie manchmal zu ihren Putzfrauen sind und dass sie sich auch vor manch einem rassistischen Spruch nicht scheuen.

Dass viele polnische Frauen in den arbeitslosen Zeiten der Post-Transformation den Familienunterhalt übernehmen und manche von ihnen sich nicht zu schade zum Putzen unter fremden Betten sind – es ist bewundernswert. Dank der immer noch ziemlich großen Einkommenskluft ist der Beruf als polnische Putzfrau in Deutschland für viele recht lukrativ. Sie sehen es pragmatisch und haben Distanz zu ihrem Job.

Polnische Soziologen benutzen die wenig schmeichelhafte Formel von der »nicht überwundenen feudalen Denkweise«. Der frühere Begriff »beim Deutschen arbeiten« hat heute eine übel klingende Konnotation, erinnert er doch an Zeiten des Kriegs und der Zwangsarbeit. Unter den pragmatischen jungen Leuten funktioniert »in Deutschland arbeiten« heute beinahe als eine eigene Jobbezeichnung und kann eine Stelle auf dem Bau, zum Putzen, in der Altenpflege oder beim Spargelstechen bedeuten. Hauptsache, man verdient dabei in Euro. Deutschland ist für Polen nun mal das nächstgelegene westliche Land. Die Protagonistin des Bestsellerbuches arbeitet »bei Deutschen« und fährt mit dem verdienten Geld in den Urlaub nach Italien. Das ist für sie ganz selbstverständlich. Deutschland steht nur für die Arbeit, als wäre es nicht ganz real. Es ist kein fremdes Land, auf das man neugierig ist, auf dessen Besuch man sich mit dem Kauf von Wörterbüchern und Reiseführern vorbereitet, und es ist auch kein richtiges Zuhause.

Aus der Distanz, die man vielleicht bei diesem Job braucht, ergibt sich eine immer tiefere Kluft. Die deutschen Zimmer sind am Ende sauberer, die Menschen sich keinen Schritt näher gekommen, die Klischees bestehen weiter.

Eine meiner theaterinteressierten Freundinnen lebt in der Stadt, wo die Uraufführung des Putzfrauen-Stücks demnächst stattfindet, geht aber nicht zur Premiere. Die pseudophilosophische Frage aus dem Pressetext: »Was sagt uns das, wenn ein Land von einer polnischen Putzfrau über sich erfährt?« interessiert sie nicht. Ich weiß etwas, was sie noch nicht weiß: Das beliebte Enthüllungsbuch ist in Wirklichkeit aus der Feder eines Mannes, eines deutschen Journalisten. Was sagt uns das über ein Land, wenn ein Autor die polnische Putzfrau vorschickt, darüber zu erzählen?

» Vor dem Tore « – die deutsche Naturverbundenheit

Besonders im Winter fällt mir auf, dass ich draußen vor dem Fenster keine Natur habe. Ich wünsche mir dann insgeheim, dass eine Truppe der Gardening-Guerillas in einer Nachtaktion einen Baum oder wenigstens einen Dornbusch unter unser Schlafzimmerfenster pflanzt. Wie viel schöner wäre es, Amselgezwitscher im Geäst zu hören, statt durch die morgendlichen Geräusche des Autoscheibenkratzens (bei laufendem Motor) vorzeitig geweckt zu werden.

Wir wohnen in der Stadt. Wie mittlerweile mehr als die Hälfte der Weltbevölkerung. In Deutschland werden täglich über hundert Hektar Fläche zubetoniert. Unter neuen Straßen und Gebäuden verschwindet der Lebensraum vieler Tier- und Pflanzenarten unaufhaltsam, und auch die Landwirtschaft trägt dazu bei, dass mehr als die Hälfte aller Säugetiere und Fische und zwei Drittel der nur in Deutschland heimischen Pflanzen bedroht sind. Der World Wide Fund for Nature

(WWF) Deutschland spricht vom »stillen Sterben«. Die Deutschen begegnen zwar ihrem Muttertag misstrauisch und widerwillig und machen große Augen, wenn man ihnen vom Internationalen Kindertag am 1. Juni erzählt, der in Polen schon immer ein Tag der Klassenausflüge, Straßenfeste und organisierter Eisschlemmerei war (ein Wunder, dass der stets nach mehr Umsatz trachtende deutsche Einzelhandel hier nicht längst seine Chance gewittert hat), aber dafür zelebrieren sie den Internationalen Tag der biologischen Vielfalt (22. Mai).

Je mehr Grün verschwindet, desto mehr wird der Umweltschutz ein Thema in Deutschland. Wenn auch weit entfernt von Wohlstand und mit deutlich weniger zubetoniertem Land, waren wir auf der anderen Seite des Eisernen Vorhangs Mitglieder in der Liga zum Naturschutz. Und zwar alle: Die Mitgliedschaft konnte man sich nicht aussuchen. Als Schüler einer polnischen Schule vor dreißig Jahren gehörte man automatisch der Organisation an, ebenso dem Polnischen Roten Kreuz, der staatlichen Sparkasse und, nicht zu vergessen, dem Verband Polnisch-Sowjetische Freundschaft. An Unterhaltungen über Möglichkeiten zum Erhalt der Vielfalt kann ich mich nicht erinnern, eher darüber, womit man auf Waldausflügen Rehe füttern konnte und welche Zugvögelarten wir kannten; Fragen, auf die heute, so die Umweltschützer, nur jedes siebte deutsche Kind eine Antwort zu geben imstande wäre.

Dass Fortschritt und ökonomisches Wachstum auf Kosten der Natur erfolgen, merkte man in Deutschland sehr früh, parallel zu der einsetzenden Industrialisierung des Landes im 18. Jahrhundert. Bereits 1713 erwähnte Hans Carl von Carlowitz den Begriff »Nachhaltigkeit« und mahnte, mit der Natur »pfleglich« umzugehen. Das Wort »Ökologie« prägte ebenfalls ein Deutscher – Ernst Haeckel.

Die deutschen Sorgen um den Fortbestand der heimischen Natur kann ich gut verstehen. Heute gibt es hier kaum noch ein mit Bäumen bewachsenes Fleckchen Erde, das Urwaldcharakter hätte. Achtzig Prozent der deutschen Wälder sind jünger als sechzig Jahre.

Mich zieht es am Wochenende trotzdem ins Grüne, ich nehme den deutschen Wald, wie er ist: mit asphaltierten Wegen, Sitzbänken in regelmäßigen Abständen, einer gewissen Eintönigkeit der Pflanzenwelt und den in Reih und Glied wachsenden Bäumen. Doch früher oder später beschleicht mich mitten auf dem schattigen Weg irgendwo in der Münchener Umgebung ein Gefühl, das polnische Dichter mit dem kompakten Wort *żal* umschreiben: eine Mischung aus Sehnsucht und Bedauern. Als Ausländerin neige ich naturgemäß dazu, alles in der alten Heimat schöner zu finden. Aber auch so, ganz nüchtern betrachtet, würde ich behaupten, dass sich der polnische Wald mit nichts auf der Welt vergleichen lässt. Der deutsche Wald kann nichts dafür, dass er zwar den Deutschen die größten Holzvorräte Europas beschert, aber nicht überall zu den schönsten gehört. Die Deutschen haben einiges dafür getan, damit ihre Forste nicht verschwinden. Man hat den Fehler der Römer und Griechen vermieden, die ihre Wälder, zum großen Teil für ihren Schiffbau, bereits in der Antike restlos abholzten. Freilich forsten auch wir unsere Wälder auf – ich fahre heute oft an einem Wald vorbei, den ich mit meiner Schulklasse vor Jahrzehnten im Rahmen der im Sozialismus üblichen »sozialen Stunden« mitgepflanzt habe. Holzerzeugnisse sind in Polen wichtige Exportartikel. Doch sieht man dem polnischen Wald seine »biologische Vielfalt« mit bloßem Auge an, während man sich in einem deutschen eher wie in einer gepflegten Ansammlung von Bäumen fühlt, deren Funktion es ist, zur positiven Ökobilanz beizutragen, nachwachsenden Rohstoff zu liefern und als Nordic-Walking-Kulisse und Wohlfühlregion zu dienen. Ich jedenfalls fühle mich in Deutschland in prächtigen städtischen Parks und unter den Kastanien der Biergärten eindeutig wohler, wo die Natur keine Ursprünglichkeit vortäuscht und wo ich nicht gegen die Nostalgie ankämpfen muss, die freilich nichts mit der Nostalgie der Eichendorff'schen Gedichte zu tun hat, sondern im Gegenteil mit der Gewissheit, dass Joseph von Eichendorff sich heute angesichts der Hochspannungsmasten und Kahlschlagschneisen nicht zu so vielen Gedichten hätte inspirieren lassen.

Die Deutschen und ihr Wald gehören im Bewusstsein der restlichen Welt zusammen wie das deutsche Wohnzimmer und der Wandschrank aus deutscher Eiche, wie Rotkäppchen und sein Korb oder wie Weihnachten und die Tanne – die heute freilich zwar in deutschen Monokulturen heranwächst, aber eigentlich aus Georgien stammt.

»Im Wald, da sind die Räuber, halli, hallo, die Ro-häu-ber« ist einer meiner ersten deutschen Ohrwürmer, prima geeignet zum Marschieren und dazu, kleine Kinder, die eigentlich nicht mehr laufen wollen, bei Laune zu halten. Hauptsache, man singt laut genug. Natürlich wusste ich schon aus dem Germanistikstudium, dass der Wald der Deutschen auch der Ort ist, an dem die Romantiker vor allem die »deutsche Innerlichkeit« gesucht haben, Novalis' Blaue Blume. (Als Wahl-Bayerin konnte ich allerdings dieses Symbol plötzlich nicht mehr verstehen. Die Alpen haben sich als von blau blühenden Blumen übersät erwiesen. Vielleicht sind die Bayern einfach am meisten von allen in Übereinstimmung mit ihrem inneren Ich.) Auch war mir geläufig, dass Caspar David Friedrichs einsamer Wanderer auf einem Waldweg die Ikone der Romantiker ist. Ich las für den Unterricht Eichendorffs sehnsüchtige Gedichte mit dem Wald als zeitloser Idylle. Heute kann ich als halbwegs deutsch sozialisierter Mensch dieser deutschen (mitteleuropäischen?) Sehnsucht auch konkrete Klänge zuordnen. Wie es sich für eine Vertreterin der ersten MTV-Generation gehört, wird in meinem Kopf, sobald ich einen schönen Pfad im Wald sehe und an »Zwielicht« denke, Robert Schumanns »In der Fremde« wie ein Videoclip abgespielt.

Welches Lied genau Robert Thalheim, der Regisseur eines der besten deutschen Filme der letzten Jahre, für die Szene mit dem ehemaligen KZ-Häftling und dem deutschen Zivi in der Jugendbegegnungsstätte Auschwitz ausgesucht hat, weiß ich nicht mehr. Aber der Moment in *Am Ende kommen Touristen*, wenn bei einer Autofahrt plötzlich von der Lieblingskassette des alten Mannes ein Lied von Schumann ertönt, ist eine der unaufgeregtesten und aussagekräftigsten Szenen in einem deutschen Kinofilm, der sich an Themen wie die deutsch-polnische Vergangenheit heranwagt.

Mit dem romantischen Motiv der Suche nach Selbsterkenntnis spielt auch Wolfgang Herrndorf in seinem modernen Bildungs- und Abenteuerroman *Tschick*. Herrndorf gelingt am

Beispiel zweier Teenager während ihres Lehr- und Wander-Sommers ganz nebenbei eine kleine Beobachtung dessen, was von der Naturverbundenheit und dem Mythos »Wald« heute geblieben ist. Zogen die Wandervögel Ende des 19. Jahrhunderts los, um das Leben außerhalb des Schulgebäudes zu erkunden, so sieht die typische Begegnung der Berliner Gymnasiasten mit der Natur in seinem Roman so aus:

»Der übliche Ausflug in den Wald. Ich lief mit großem Abstand hinter allen anderen her und guckte mir die Natur an. […] Vorne wurde gelacht […], und zweihundert Meter dahinter latscht Maik Klingenberg durch den Wald und schaut sich den Scheißblattstand in der Natur an. Die ja nicht einmal eine richtige Natur war, sondern ein mickriges Gehölz, wo alle zehn Meter drei Hinweisschilder standen. Hölle.«

Im Kopf des jungen Protagonisten gibt es eine Vorstellung davon, wie die »richtige Natur« auszusehen hat. Vielleicht, weil er Bilder von Caspar David Friedrich gesehen oder Gedichte von Eichendorff gelesen hat? Maik Klingenberg wäre wahrscheinlich einer dieser wenigen deutschen Schüler, die heimische Pflanzen erkennen und benennen können. Aber das würde er nie zugeben. Natur, das ist was für Freaks:

»Irgendwann haben wir dann bei einer dreihundert Jahre alten Weißbuche gehalten, die ein Friedrich der Große da in die Erde gepflanzt hatte, und der Lehrer hat gefragt, wer denn jetzt weiß, was das für ein Baum ist. Und keiner wusste es. Außer mir natürlich. Aber ich war auch nicht so bescheuert, dass ich vor allen Leute zugegeben hätte, dass ich wusste, dass das eine Weißbuche ist. Da hätte ich ja gleich sagen können: Mein Name ist Psycho, und ich habe ein Problem.«

Der deutsche Wald ist entzaubert. Und geschrumpft. Er ist Straßen und Häusern gewichen. Die Welterkundungsreise der zwei modernen Wandervögel Maik und Tschick findet deswegen im Roman nicht zu Fuß, sondern mit dem – geklauten – Lada statt. Die schicksalhafte Begegnung und der Wendepunkt der Handlung findet auf einer Mülldeponie statt, einem Stück der modernen deutschen Landschaft. Hier finden die Jungen nicht nur einen Schatz – einen alten Gummischlauch, mit dessen Hilfe sie für ihr Auto Benzin besorgen und ihre Reise fortsetzen können –, sondern treffen auch eine wichtige Reisegefährtin. Und die einzige Szene dieses Romans, in der der ursprüngliche Wald in Erscheinung tritt, ist die, in der die hungrigen Wanderer auf dem Weg von der Müllkippe zur Tankstelle Brombeeren pflücken. Den Weg zu ihrem Auto finden sie leicht in der Dunkelheit: Sie gehen entlang der Autobahn und halten sich an deren Rauschen.

Für mich ist *Tschick* ein durch und durch deutscher Roman, nicht nur weil er die Motive des Wanderns im Geiste der Wandervogelbewegung ganz neu interpretiert und damit verbundene Werte wie »Kameradschaft«, »Treue«, »Hilfsbereitschaft« und »Natürlichkeit« en passant untersucht. Diese werden von den beiden Protagonisten unerwartet aufs Feinste verkörpert, gleichzeitig findet im Roman die Dekonstruktion der anderen traditionellen »deutschen« Motive statt: Die Natur ist keine Idylle, sondern die verwüstete Landschaft des Braunkohleabbaugebiets und der Mülldeponie; die einstigen Wanderpfade sind heute Autobahnen und Landstraßen; die traditionelle Gastwirtschaft (der in einem Gasthof Homer lesende Werther oder der Auerbachs Keller besuchende Faust sind Literaturikonen) wird ersetzt durch die chaotische Suche nach einem Lebensmitteldiscount oder die Schokoriegelversorgung am Kiosk; der aus der Entfernung romantische See erweist sich bei näherer Betrachtung als in Beton eingelassen.

Ein Schulaufsatz, der die früher wohl bei allen Schülern der Welt so verhassten »Beschreibungen der Schönheit der Natur« zum Thema hätte, wäre bei diesem Buch eine wahre Herausforderung.

Irgendwo habe ich gelesen, Deutschland und Polen seien die einzigen Länder in Europa, in denen man bei einer Autobahnfahrt aus dem Fenster Wälder sieht (aber, das las ich woanders, auch diejenigen, wo »Platz« einfach die Stelle bedeutet, wo sich die Straßen kreuzen, nicht etwa einen schönen autofreien Ort, wo sich Menschen treffen). Deutsche werden als Naturliebende wahrgenommen. Das war immer so. Schon in der Antike werden die Germanen nicht ohne ihre Wälder erwähnt. Schriftliches Zeugnis liefert hierfür Tacitus in seiner *Germania* (*De origine et situ Germanorum*). Wir Polen hatten tausend Jahre später unseren Gallus Anonymus, vermutlich ein Italiener oder Franzose, der im Mittelalter in seiner *Cronicae et gesta ducum sive principum Polonorum* Zeugnis über Polen ablegt. Und beide Südländer, sowohl Tacitus, der höchstwahrscheinlich nie selber in Germanien war, als auch Gallus, der als Gast eines polnischen Herzogs viele Jahre in Krakau lebte, bemerken in ihren Werken, wie wild und unzivilisiert unsere mitteleuropäischen Landstriche jenseits des Limes seien. Bei beiden klingt selbst bei anerkennenden Worten eine Art Vorsicht mit. Gallus drückte seine Bewunderung für das gastfreundliche

Land so aus: »Das Land ist zwar sehr waldig, doch reich an Gold und Silber, an Fischen und Honig.« Auch bei Tacitus klingt Mitleid mit den Germanen durch, für die er sonst eher ein gutes Wort übrig hat, wenn er ihr Land ob so vieler Bäume und Sümpfe als »schaurig« und »widerwärtig« bezeichnet.

Wenn heute Touristen aus aller Welt durch den deutschen Wald wandeln, also den nachgepflanzten Forst, halten ihn viele für ein deutsches Phänomen. Mit ihm wurde im Lauf der Geschichte prächtige Public-Relations-Arbeit geleistet. Mit romantischer Poesie und Malerei und vor allem mit den weltbekannten Märchen der Gebrüder Grimm. Die Motive aus *Hänsel und Gretel* oder *Rotkäppchen* sind für Psychoanalytiker und Literaturwissenschaftler weltweit eine prächtige Fundgrube an Metaphern. In der Philosophie sind ausgerechnet bei Heidegger, dem Philosophen, der Scharen von Übersetzern und Interpretatoren seiner Schriften mit Neologismen wie »nichten«, »wesen« oder »rechnendes Bestellen« in Aufruhr versetzt, Begriffe wie »Feldweg«, »Lichtung« und »Holzweg« Sinnbilder für seine erkenntnistheoretischen Überlegungen.

Die deutsche Alltagssprache ist ebenfalls voller Wald und Bäume – etwas, was sie mit der polnischen Sprache gemein hat, in der Sprichwörter und Redewendungen nicht ohne botanische Begriffe auskommen. Auch wir verpflanzen ungern alte Bäume und sind so stark wie eine Eiche oder gar so, dass wir Bäume mit den Wurzeln ausreißen könnten. Auch unsere Dichter setzten sich »draußen vor dem Tore« gerne in den Schatten einer Linde, wie der große Renaissance-Dichter Jan Kochanowski in einem seiner berühmtesten Gedichte schreibt, auch in unseren Volksliedern treffen sich Liebende unter einem

Baum (im bekanntesten von ihnen unter einem Waldahorn, »*Pod Jaworem*«).

Doch im Unterschied zu Polen, wo der Wald mindestens genauso geliebt wird wie in Deutschland, musste der Wald im Lauf der deutschen Geschichte national instrumentalisiert werden. Der »deutsche Wald« galt schon nach 1871 und besonders nach dem Ersten Weltkrieg als »Urgrund« und »Urquell«, als Inbegriff des deutschen Wesens. Die Nazipropaganda sah in den Deutschen die Nachfahren der Germanen als ursprüngliches »Waldvolk«. 1936 entsteht auf Geheiß der Nationalistischen Kulturgemeinde unter Alfred Rosenberg der Montagefilm *Der ewige Wald*. Seine Botschaft lautet, Deutsche seien ein »Waldvolk« und wie der Wald »ewig«.

Es verwundert auch nicht, was Elias Canetti 1960 in seinem Werk *Masse und Macht* über die Auswirkung der deutschen Waldromantik auf das kollektive Bewusstsein der Deutschen schrieb: »Das Massensymbol der Deutschen war das Heer. Aber das Heer war mehr als das Heer: es war der marschierende Wald. In keinem modernen Land der Welt ist das Waldgefühl so lebendig geblieben wie in Deutschland. Das Rigide und Parallele der aufrechtstehenden Bäume, ihre Dichte und ihre Zahl erfüllt das Herz des Deutschen mit tiefer und geheimnisvoller Freude.«

Ob Canetti den deutschen Wald liebte? Bevor er aus Nazi-Deutschland fliehen musste, durfte er ihn auf Befehl des Reichsjägermeisters Göring als Jude gar nicht betreten.

Seit Arminius, genannt »Hermann«, der Anführer der Cherusker, die Römer bei der berühmten Varus-Schlacht aufgehalten hatte, woraufhin Germanien nicht erobert und nicht zu einer Provinz des Imperium Romanum wurde, gilt der Wald

auch als eine Art Verbündeter im Kampf. Im Sumpf des Teuto-
burger Waldes nützte den zahlenmäßig überlegenen Legionä-
ren ihre militärische Stärke wenig.

Aber auch das Gegenteil war der Fall: In Kriegen wurde der
Wald als Feind betrachtet und auch so behandelt. Die Ressour-
cen des Gegners zu verbrauchen und zu zerstören bedeutet,
ihm die Lebensgrundlage zu entziehen. Wenn heute alle Welt,
darunter viele Deutsche, nach Ostpolen in den Białowieża-
Nationalpark reisen, können sie einen Wald bewundern, der
seit Tausenden von Jahren überdauert hat. Als im August 1915
deutsche Truppen anrückten, trafen sie auf einen Urwald aus
Kiefern, Eichen und Fichten, den es in dieser Form anderswo
in Europa längst nicht mehr gab. Und sie erkannten in ihm ein
Rohstofflager. Erbarmungslos schlugen sie den Urwald kahl, in
drei Jahren verschwanden beinahe drei Millionen Kubikmeter
Holz. Als Erstes starben die größten und ältesten Bäume, darunter 800 Jahre alte Eichen. Geplant war eine Eisenbahnlinie,
die die Abholzung noch effizienter machen sollte.

Aber es ist auch das Verdienst eines Deutschen, dass es heute in Białowieża überhaupt noch einen Wald gibt – wenn er
auch nur zwei Prozent des damaligen Urwalds ausmacht – und
der berühmte Nationalpark mit den nicht weniger berühmten,
einzigartigen Wisenten existiert. Professor Hugo Conwentz,
auf Fotos ein typischer preußischer Beamter mit ernstem Blick
und steifem Kragen, war Initiator und Leiter der preußischen
Staatlichen Stelle für Naturdenkmalpflege in Danzig und gilt
als Begründer des deutschen und europäischen Naturschutzes.
Man wird nie erfahren, wie er in Berlin, mitten im Krieg, erreichen konnte, dass man das Gebiet zwischen den Flüssen Na-

rewka und Hwoźna in Ruhe ließ. Man weiß nur, dass es ihm gelungen ist. Heute erinnert ein Gedenkstein im polnischen Białowieża an den deutschen Wissenschaftler, und es existiert eine circa 450 Jahre alte und nach ihm benannte Eiche.

Ein weiteres lebendiges ökologisches Denkmal ist das »Grüne Band«, der 1400 Kilometer lange Streifen Land von der Ostsee bis zur tschechischen Grenze. Entlang der ehemaligen deutsch-deutschen Grenze fällten DDR-Grenzschützer alle Bäume, um auf mögliche Flüchtlinge freie Sicht zu haben. Auf diese durften sie schießen, im Gegensatz zu den »Mauerhasen«, die Immunität genossen und sich unbehelligt im Todesstreifen tummeln konnten. Hier entwickelte sich ein Naturparadies, das als einzigartiges Biotop 2005 in das Nationale Naturerbe aufgenommen wurde. Dutzende bedrohte Tier- und Pflanzenarten fanden entlang des einstigen Grenzstreifens mit Stacheldraht und Mauer ihren Lebensraum. Und gleichzeitig ist ihr Refugium ein Mahnmal gegen das Vergessen.

In der Postwachstumsökonomie (»Es gibt kein grünes Wachstum!«), die der Wirtschaftswissenschaftler Niko Paech postuliert, wird die Natur unsere Städte zurückerobert haben, die Menschen werden in ihren Straßen Gärten anstelle von Parkplätzen anlegen, sich selbst versorgen, Sachen reparieren oder reparieren lassen und länger gebrauchen, statt mit Autos mit Fahrrädern, Pferdewagen und Lastenfahrrädern fahren, und die meisten Flughäfen und die Hälfte der Autobahnen werden zurückgebaut. Wir werden nicht mehr so viel brauchen, sagt er. Vor meinem Fenster wird das Amsel-Gezwitscher zu hören sein, und darauf freue ich mich schon.

»Tun und Wirken« – über die Arbeit

Der Mann im ICE-Großraumwagen telefoniert mit seinem Handy, während er mit der anderen Hand an einem zweiten fingert. Auf dem Tisch vor ihm steht der aufgeklappte Laptop, auf dem Sitz nebenan liegt dienstbereit der Tablet-PC. Da er so viele Sachen auf einmal im Auge behalten muss, spricht der Mann recht laut, um sich weiterhin auf seine Arbeit zu konzentrieren. So lange sind die anderen Reisenden – alle ebenfalls mit aufgeklappten Laptops vor sich – auch auf ihn konzentriert, es geht gar nicht anders. Der Mann arbeitet, Respekt. Geht er auf die Toilette, klingeln seine verwaisten Handys weiter in diversen Taschen, wir heben über unseren Tastaturen die Köpfe und tauschen genervt-belustigte Blicke aus. Zurück auf seinem Platz findet der Mann einige Minuten Zeit, um noch über Büroangelegenheiten und Privates zu plaudern. Nur wenige Minuten für jeden seiner Mitarbeiter, aber zusammengenommen dauert es stundenlang und hört sich nicht wirklich dringend an.

Wäre ich Drehbuchautorin bei der beliebten britischen Sitcom *Office*, oder eher seiner deutschen Version, hätte ich die Dialoge des Geschäftsreisenden abgetippt und eine Extrafolge »Stromberg auf Dienstreise« geschrieben. Der beidhändig kommunizierende und schräg auf dem Sitz über den halben Gang ausgestreckte, dabei in einem geschäftigen Ton Belanglosigkeiten austauschende Christoph Maria Herbst in weißem Hemd und Krawatte – ich würde es gerne sehen.

Den Menschen heute sind flexibel gestaltbare Arbeitszeiten und Ortsungebundenheit zunehmend wichtiger. Als junge Mutter – und Freiberuflerin – weiß man aber, wie schwierig es ist, zu Hause konzentriert zu arbeiten. Die Telefonate mit den polnischen Verlagen, bei denen, nur weil sie Polnisch hörte, meine kleine Tochter dringend und beharrlich »auch die Oma sprechen« wollte; die Konzeptabstimmungen, bei denen man weiter im Topf rührte, damit das Mittagessen nicht anbrennt; Korrekturbesprechungen barfuß im Sandkasten des Spielplatzes oder dringende Absprachen in der Gemüseabteilung beim Karottenabwiegen – das alles zählt zum Home-Office dazu. Privates gemischt mit Geschäftlichem und dazwischen keine Grenzen.

Was die eigene Mutter beruflich macht, konnte ich Ida lange nicht so richtig erklären. Die arbeitende Mami konnte in Sekundenschnelle zur Wäsche aufhängenden und Matheaufgaben kontrollierenden Mami mutieren. Und umgekehrt. Um für sich selbst eine Grenze zu ziehen und nicht ein geistesabwesendes »Warte, ich kann gerade nicht« zu ernten, gewöhnte sie sich an, wenn sie beim Nachhausekommen das Tastaturklacken vernahm, erst einmal vorsichtig zu fragen: »Bist du jetzt da, oder bist du nicht da?« Da selbst diese Frage manchmal ohne sofortige Antwort blieb, baute sie sich vor dem Schreibtisch auf und erzählte wilde Geschichten (»Heute gab es in der Schule Froschköpfe zum Essen!«), und erst ein beiläufiges »Erzähl keinen Quatsch« beruhigte sie und gab ihr das Gefühl, dass die Mutter anwesend ist.

Eine Freundin von mir, die auch zu Hause arbeitet, schminkt sich immer sorgfältig, bevor sie sich an den Schreibtisch in ihrem eigenen Schlaf- und Arbeitszimmer setzt, eine andere zieht extra Schuhe mit hohen Absätzen an – das sind ihre symbolischen Grenzpfosten.

Wir sind klassische Beispiele von Freiberuflern, die eine Work-Life-Balance zu verwirklichen versuchen. Wobei der Begriff so zu verstehen ist, dass wir beim »Balancieren« beides gerecht zu kurz kommen lassen, die Work wie das Life. Dass ich in Deutschland lebe und arbeite, spielt dabei keine Rolle. So wie ich arbeiten meine Bekannten sowohl in München und Berlin als auch die in Warschau und Lublin. Wenn man den Statistiken glaubt, arbeiten Letztere nur ein bisschen mehr.

Die Polen haben den Kapitalismus aus dem Stand und aus dem Nichts aufgebaut, sie brauchten nur wenige Jahre dafür. Der wirtschaftliche Erfolg meines Landes hat einen bitteren Beigeschmack von Erschöpfung. Psychologen hatten schon lange nicht mehr so viel zu tun. In einem Zeitungsinterview erzählt eine Managerin nach ihrer Entlassung vom Gefühl, ein Niemand mit Null-Identität zu sein. Laut neuerer Untersuchungen sind die Polen für die Arbeit zu vielem bereit. Über die Hälfte, so ist in der Zeitung zu lesen, würde wegen der Arbeit emigrieren (was auch tatsächlich in großem Ausmaß geschieht), so viele sind es sonst nur noch in Mexiko. Viele arbeiten nachts, am Wochenende, mehr als zehn Stunden am Tag, viele haben zwei Arbeitsstellen. Galt früher der oft ironische, aber doch eine spezielle Eigenschaft der Polen ausdrückende Spruch, sich in schwierigen Situationen zusammenzunehmen und Unerwartetes leisten zu können: »Der Pole kann es!«, so könnte man die heutige Situation, so die Zeitung, mit einem anderen zusammenfassen: »Der Pole hält es aus!«

Sinnvolle Arbeit, die uns nicht gänzlich auslaugt, ist ein kostbares Gut, das wissen wir, meine Freunde und ich. Aber um diese Arbeit so in unser Leben zu integrieren, wie wir es uns in etwa vorstellen, zahlen wir auch einen Preis. Wir sind stolz darauf, dass wir uns von keinem Unternehmen haben verschlucken lassen, nehmen aber dafür in Kauf, dass wir pausenlos zwischen dem Privaten und dem Beruflichen hin- und herwechseln. Da überrascht auch so manche geschäftliche E-Mail am Samstagabend nicht. Wir versuchen, nicht zu weit zu gehen. Ich habe Freunde, die am Wochenende grundsätzlich keine E-Mails lesen, sie schalten ihre Computer bis Montagmorgen lieber ganz aus.

Deutsche haben es früher gelernt, sich nicht vereinnahmen zu lassen, da sie auch mit dem erarbeiteten Reichtum zuerst dran waren. Aber wenn dieselben Auftraggeber, die Samstags-Mails nicht scheuen, dafür in ihren Stellenanzeigen den büroeigenen Kickertisch und den besonders tollen Kaffee anpreisen – nach dem Motto: Wir nehmen das mit dem Arbeiten in der Arbeit nicht so ernst, und es soll ja auch Spaß machen, wir sind schließlich keine Sklaven –, dann kommt es mir etwas mephistophelisch vor und auch ein bisschen Strom-berg-mäßig.

Die Generation unserer Eltern hatte es einfacher. Und das, obwohl die Großeltern unserer Tochter in zwei verschiedenen politischen Systemen ihre berufliche Laufbahn absolvierten. Egal, ob im Sozialismus mit dem Ehrgeiz (und der Illusion) der Vollbeschäftigung oder im westlichen Kapitalismus aus dem Geiste des Protestantismus, egal ob im mühsam, ohne fremde Hilfe, aber mit Enthusiasmus nach dem Krieg wie-deraufgebauten Ostblockland oder im Wirtschaftswunder-deutschland – Arbeit war reichlich und für alle da. Bis in die siebziger Jahre hatten beinahe hundert Prozent der Deutschen eine Festanstellung in Vollzeit. Die Balance zwischen dem pri-vaten Leben und dem beruflichen beruhte nicht darauf, dass sie das eine mit dem anderen ständig vermischten, sondern darauf, dass sie vom Büro oder aus der Fabrik nach Hause ka-men, die Tür hinter sich schlossen und die Arbeit bis zum nächsten Morgen für sie keine Rolle spielte.

Ich selbst habe mein Büro immer mit dabei. Als ich das letz-te Mal unsere Hängematte zwischen zwei ostpolnische Kiefern spannte, wurde sie tagelang nur von den anderen benutzt. Ir-gendwann legte ich mich doch selber hinein, schaute Wolken und vorbeifliegenden Schwalben zu, registrierte das Rauschen der Blätter und die durch sie durchschimmernden Sonnen-strahlen und sprang nach wenigen Minuten wieder heraus. Nicht, weil mir etwa plötzlich der Satz Immanuel Kants einfiel, von den drei Lastern Faulheit, Feigheit und Falschheit sei das erstere das »verächtlichste«, sondern weil ich wirklich zu tun hatte. »Du kannst dich einfach nicht erholen«, sagte meine

Mutter und schüttelte missbilligend und mitleidig den Kopf. Alle machen im August Urlaub, aber ich habe stattdessen einen Abgabetermin am Hals. Wo meine Mutter mit ihrer Enkelin Pilze nach dem Waldausflug säuberte, wo Brettspiele gespielt und Zeitungen gelesen wurden, lag auch das Manuskript eines nobelpreisgekrönten Romans, dessen Übersetzung ich noch Korrektur zu lesen hatte. Die bewährten deutschen Lieferdienste gelangen inzwischen auch in den polnischen Wald am östlichen Rande der EU, und die eher mäßige Übertragungsgeschwindigkeit des Internets scheint zwar von den Windverhältnissen und der Lautstärke des Vogelgezwitschers abhängig zu sein, aber es funktioniert. Der Arbeit und der Erreichbarkeit stand nichts im Wege.

Vielleicht könnte ich als Nächstes von Manfred Koch das Buch *Faulheit. Eine schwierige Disziplin* übersetzen, es soll den europäischen Aktionismus unter die Lupe nehmen. Mal schauen – wenn es nicht allzu viel Arbeit macht …

»Benny findet Lewandowski auch gut!«, beteuert Ida, als im Fernsehen das DFB-Pokalspiel Borussia Dortmund gegen FC Bayern angesagt wird. Und fügt beim Vorbeigehen hinzu: *Polska biało-czerwoni!*, Polen die Weiß-Roten. Sie hatte bis jetzt noch nie etwas von Robert Lewandowski gehört. Zu Hause reden wir nicht viel über Fußball, geschweige denn, dass wir ihn gucken. Früher war das anders. Als frisch Zugezogene, die sich um die deutsche Sozialisierung bemühte, scheuchte ich meine Freunde vor den Fernseher, wenn die deutsche Nationalmannschaft spielte, besonders wenn sie gegen die polnische antrat, und erklärte scheinbar einfache Wahrheiten: »Ihr müsst für die euren sein, ich für die meinen, sonst macht es keinen Spaß.« Die Sache mit der komplizierten deutschen Identität und dem deutschen – nicht vorhandenen – Patriotismus hatte ich inzwischen begriffen, doch etwas Provokation konnte nicht schaden. Später bekam ich Unterstützung von meiner Tochter, die im Kindergarten fleißig an bunten Fähnchen gebastelt hatte, um sie an WM-Abenden unter uns zu verteilen. An ihnen konnte man erkennen, welche Kleiderfarben sie gerade gut fand. Die Kombination Weiß-Rot fand sie immer zu streng, deswegen konnte es passieren, dass ich die polnische Mannschaft mit einem gelb-rosa Fähnchen anfeuern musste. Und wir haben schon geklärt, dass sie es sich unmöglich vorstellen kann, sich in die deutschen Nationalfarben zu hüllen, die stünden wirklich keinem.

Den Stadionspruch *Polska biało-czerwoni!* benutzen wir seit der Europa-Meisterschaft 2012. Polen und die Ukraine waren die ersten EM-Gastländer von hinter dem einstigen Eisernen Vorhang, die bei den Vorbereitungen des Sportereignisses ihr Organisationstalent und ihren Fleiß, die »typisch deutschen Tugenden«, wie man in der deutschen Presse erwartungsvoll schrieb, demonstrieren durften. Es hat gut funktioniert, und weil das Fußballfieber so ansteckend war und obwohl die Leistung der polnischen Nationalmannschaft ziemlich miserabel ausfiel, rufen wir bis heute »Polen die Weiß-Roten!« – vorzugsweise dann, wenn es gilt, jemanden zum Handeln anzufeuern, zum Beispiel endlich den Aufsatz zu schreiben oder den Müll rauszubringen. Es ist eher ironisch als patriotisch gemeint, aber gleichzeitig auch anerkennend. Ein toller Arbeitsmotivationsspruch.

In einer polnischen Zeitung lese ich am Tag des DFB-Pokal-spiels, dass eine deutsche Zeitung Robert Lewandowski, den begnadeten polnischen Stürmer, ein Beispiel des »neuen fleißigen Polen« genannt hat. Ich verschlucke mich an einem Bissen Frühstücksgraubrot und weiß nicht genau: Ist es deswegen, weil es mich schon wieder aufregt, dass es die polnische Zeitung kümmert, was eine deutsche Zeitung über Polen so schreibt, oder ist es die Art des Kompliments?

Der polnische Fleiß ist eine komplizierte Angelegenheit. Für Deutsche und für Polen. »Deutsche« und »Fleiß« geht klar. Die ganze Welt nennt die beiden Begriffe in einem Atemzug, auch die Deutschen selbst kennen dieses Klischee über sich. Aber »Polen« und »Fleiß«? Ja, Polen sind fleißig, das würde ich ohne zu zögern sagen, sehr fleißig sogar, schließlich hatten wir etwas nachzuholen. Aber für Deutsche war es nicht immer eine Selbstverständlichkeit, dass auch Polen fleißig sein können.

Im von den Deutschen 1939 besetzten Polen galt der Spruch: »Pole, arbeite langsam!« (*Polaku, pracuj powoli!*) Diese Aufforderung zur Sabotage der den Nazi-Besatzern unterworfenen Wirtschaft und Industrie prangte vielerorts als Graffiti auf den Mauern und Bürgersteigen neben dem Bild einer Schildkröte. Nach dem Krieg wurde mein von Nazi-Deutschland zerstörtes Land fleißig wiederaufgebaut. Weniger fleißig waren die Polen allerdings beim Aufbau des sozialistischen Systems, das als Ziel die Überwindung der »Arbeitsentfremdung« und die Bildung einer neuen Gesellschaft hatte, in der nicht nur die Reichen frei wären. Die »befreite Arbeit« – ganz im Sinne des großen deutschen Denkers Marx – sollte zur wahren Schöpferin des Menschen werden.

Aber es stand von Anfang an nicht gut um die sozialistische Arbeitsmoral. »Ob du stehst oder liegst, immer du zweitausend kriegst« (*Czy się stoi czy się leży, dwa tysiące się należy*) – der berühmte Spruch aus der Zeit des Sozialismus, der die Verstaatlichung der Arbeit und die damit verbundene fehlende Arbeitsmotivation zum Ausdruck brachte und an den sich alle in meiner Generation noch erinnern können, deutet darauf hin, wie ernst der Kampf um die Befreiung der Arbeit genommen wurde. Arbeit im Sozialismus, abgesehen von der Zeit des Wiederaufbaus nach dem Krieg, das war oft simulierte Arbeit. »Sozialistisch« bedeutete: nachlässig, langsam, lustlos. Das war in den anderen »Volksdemokratien« nicht anders, auch in der deutschen.

Soziologen suchten lange den Grund für die »zivilisatorische Rückständigkeit« (Andrzej Przyłębski)der Polen auch im Katholizismus mit seiner traditionellen Einstellung zu den irdischen Gütern – im Unterschied zu dem bereits von Max Weber festgestellten Zusammenhang zwischen kapitalistischen Prinzipien und den Tugenden der protestantischen Ethik wie Unternehmertum, Sparen, Investieren und die Selbstbeschränkung zum Wohle der anderen.

Bei unserem zivilisatorischen Sprung nach 1989 galt es nicht nur das von Katholizismus und Sozialismus geprägte Arbeitsethos zu überwinden, sondern darüber hinaus auch weiter zurückliegende historische Hindernisse hinter sich zu lassen. Im Lauf der Geschichte, besonders in den Zeiten der polnischen Teilungen, hatten Polen ums Überleben ihrer Nation kämpfen müssen. Der schiere Erhalt der polnischen Kultur, Tradition und Sprache wog mit wenigen Ausnahmen unvergleichlich mehr als wirtschaftliche Aktivitäten und Arbeitsfleiß. Darüber hinaus waren in der langen Geschichte der Adelsrepublik »Geschäftemachen« und »Unternehmergeist« ohnehin suspekt und noch bis 1989 negativ besetzt. Den Handel legten die Polen gern in die Hände der Fremden – der Deutschen und der Juden.

Mit dem Stereotyp des polnischen Adeligen, dem die Würde wichtiger ist als der Profit, rechnet der polnische Nobelpreisträger Władysław Reymont in seinem 1899 erschienenen und 1974 von Andrzej Wajda verfilmten Roman *Das gelobte Land* ab. Drei Freunde gründen in Łódź (Lodz) eine Textilfabrik, ein Deutscher, ein Jude und ein Pole: »Ich habe nichts, du hast nichts, er hat nichts. Zusammen haben wir also so viel, gerade so viel, um eine Fabrik zu bauen«, lautet der berühmte Satz über den Unternehmergeist im Polen des 19. Jahrhunderts. Nicht nur der Adel, auch die Sozialisten äußerten sich verächtlich über die auf schnelles Geld um jeden Preis bedachten Geschäftsleute: »Wer in Łódź keine hundert Rubel hat, ist noch kein Mensch. Wer sie hat, ist keiner mehr.«

Doch wie wäre zu erklären, warum die politisch-wirtschaftliche Wende des Jahres 1989 in meinem Land trotzdem ganz ordentlich und ohne Generalprobe gelungen ist, ohne dass man die »richtige« Arbeitsmoral in den Jahrzehnten davor hätte trainieren können?

Die »sozialistische Arbeitsmoral« hatte bei uns zu Hause, wie in so vielen anderen Familien auch, einen schlechten Ruf. Meine Eltern, die erste Nachkriegsgeneration und somit komplett das »Produkt« des Sozialismus, wurden noch von Menschen erzogen, deren Wertvorstellungen sich an den alten

Mustern orientierten – der »guten«, geradezu sprichwörtlichen Vorkriegsmoral ihrer Eltern und Lehrer aus der Zeit des großen Aufschwungs der Zwischenkriegsjahre. Deren Arbeitsethik wurde in unserer Familie bis in die heutige Zeit weitergetragen: So wie ich gegen meine Mutter und die Härten des Lebens rebellierte, protestiert heute meine deutsche Tochter lauthals: »Immer muss ich etwas tun!«

Einen Grund für die gelungene Transformation sehen die Wirtschaftsexperten auch darin, dass Polen der einzige Ostblockstaat war, in dem die Privatwirtschaft nie gänzlich abgeschafft wurde. Eine Titulierung als *geszefciarze* (»Geschäftemacher«) klang zwar verächtlich, doch waren es diese Menschen, die in der Wendezeit mit ihrem Unternehmergeist, der sich auch in der Volksrepublik nicht hatte totkriegen lassen, den freien Markt herbeigezaubert haben.

Kurz vor dem Beitritt Polens in die EU im Jahr 2004 saßen die deutschen Vorurteile gegenüber dem Nachbarn noch tief. Bereits 2001 hatte eine gemeinsame deutsch-polnische Untersuchung ergeben, dass sich das Bild der Deutschen von den Polen mit Begriffen wie »rückständig«, »nicht modern«, »ineffektiv«, »nicht erfolgreich« und »polnischer Schlendrian« am besten beschreiben ließ. In der Zeit des beispiellosen polnischen Aufschwungs, in der der Fleiß der Polen, diese »preußische Tugend«, zum Einsatz kam und sämtliche EU-Aufnahmekriterien erfüllt wurden, lehnte fast die Hälfte der Bevölkerung Sachsens die EU-Osterweiterung trotzdem entschieden ab, berichtete 2001 *Der Spiegel*. In der DDR, dem Bruderland hinter der »Friedensgrenze«, herrschte jahrzehntelang ein tief sitzendes Misstrauen gegenüber Polen. Die Solidarność-Bewegung und die

Macht der katholischen Kirche in Polen wirkten auf die SED-Oberen bedrohlich. Das »protestantische« Vorurteil in der DDR, die Polen beteten und streikten lieber, anstatt zu arbeiten, stand im Einklang mit den althergebrachten Vorurteilen der breiten Bevölkerung.

Nach der Wende, als westdeutsche Unternehmen zahlreich den polnischen Arbeitsmarkt entdeckten, staunten die deutschen Chefs über das Können der polnischen Arbeitnehmer, über ihre Arbeitsmoral und ihren Unternehmergeist. Komplimente gab es schon damals: Eine Untersuchung unter den deutschen Arbeitgebern ergab, dass die Arbeitsleistungen der Polen denen der Deutschen ebenbürtig oder sogar besser seien, berichtete *Der Spiegel.* Mit der deutschen Missgunst und Herablassung in Sachen »polnischer Wirtschaft« und dem Klischee »des tatkräftigen und arbeitsamen Deutschen und des faulen, unbeholfenen Polen« (Andrzej Przyłębski) dürfte es zumindest offiziell vorbei sein, seit Joachim Gauck bei seiner ersten Auslandsreise als Staatspräsident 2012 ausgerechnet den östlichen Nachbarn besuchte und nicht nur Polens Verdienste für die Freiheit betonte, sondern den schlichten, in Deutschland – wenn auch ungern – zitierten Satz sagte: »Heute sind die Polen fleißiger als die Deutschen.«

Wenn ich mir in letzter Zeit deutsche Komplimente zur »polnischen Wirtschaft« – im Sinne von Ökonomie – und zu den jüngsten Fortschritten meines Landes anhöre, dann denke ich zum einen, sie seien völlig verdient, und ich freue mich darüber, dass dieses weit verbreitete Klischee über Polen allmählich revidiert wird. Was früher eine allgegenwärtige Herabsetzung war, ein Synonym für Chaos und Rückständigkeit, könnte heute zum Titel einer internationalen Kampagne des polnischen Wirtschaftsministeriums werden: »Polnische Wirtschaft – wir haben es geschafft!« Und doch schwingt in solchen Komplimenten über ein »neues, fleißiges Polen« immer eine Portion Staunen mit, die der Freude über das Lob einen Wermutstropfen beimischt.

Daj ać ja pobruszę, a ty poczywaj – der erste im Mittelalter schriftlich festgehaltene Satz der polnischen Sprache hätte nicht schöner sein können. Da sagt ein Mann zu seiner mit Mühlsteinen Getreide mahlenden Ehefrau, sie möge die schwere und damals als unmännlich geltende Arbeit ihm überlassen und sich erholen. Die Ritterlichkeit der polnischen Männer und die Emsigkeit der polnischen Frauen sind in dem evozierten Bild vereint, wie schön.

Mussten Polinnen wie ihre deutschen Geschlechtsgenossinnen im 19. Jahrhundert um das Recht auf Arbeit und den Zugang zur Universität kämpfen, wurde die Frauenemanzipation im real existierenden Sozialismus staatlich sanktioniert. Im sozialistischen Polen stellten die Frauen die Hälfte aller Berufstätigen dar und wurden gar zur Übernahme der als typisch männlich geltenden Berufe ermuntert.

Die Schwarz-Weiß-Komödie aus dem Jahr 1955, *Irena, do domu!* (Irena, nach Hause!) ist ein typisches Produkt des sozrealistischen Kinos. Der Film erzählt die Geschichte einer Hausfrau, die heimlich einen Kurs für Taxifahrerinnen absolviert. Ihr abends nach schwerer Fabrikarbeit heimkehrender Mann, der seine Suppe wie üblich vorgesetzt bekommt, merkt aber nichts davon. Er ist entschieden dagegen, dass Frauen arbeiten. Daher behilft sich seine ehrgeizige Frau mit einem Trick: Sie besorgt das Mittagessen in der Kantine und gibt es als selbstgekochtes Mahl aus, die Kinder bringt sie vor ihrer Arbeit zum – selbstverständlich vorhandenen – Kindergarten, und so bleibt das Familienglück ungetrübt. Am Ende kommt natürlich alles heraus, und der Mann ist dann doch sehr stolz auf seine tüchtige Frau.

Dieses Dokument der Epoche hat dank der schauspielerischen Leistung und etlicher richtig komischer Szenen in Polen immer noch Fans. Als Kind musste ich mir allerdings erklären lassen, wieso man seiner Frau zu arbeiten verbieten sollte. Ich bin mit einer Mutter aufgewachsen, die berufstätig war und auch noch als Hausfrau die zweite Schicht zu Hause schmiss.

Der Sozialismus, heißt es, hat trotz des Anscheins der Emanzipation die patriarchalen Muster gar nicht abgeschafft. An den Verhältnissen der Macht änderte sich wenig, die Parteiführung bestand ausschließlich aus Männern. »Die Funktion hieß ›Erster Parteisekretär‹, und ihre weibliche Entsprechung – ›Erste Parteisekretärin‹ – hätte allein schon durch die Bezeichnung, die bar jeder Würde wäre, das höchste Amt kompromittiert«, so die polnische Publizistin Sławomira Walczewska ironisch.

Und doch stehen zwei Frauen für mich ikonenhaft für die Solidarność-Bewegung, die die politische Wende 1989 einleiten sollte: Anna Walentynowicz, deren Leben Volker Schlöndorff im Film *Strajk* verfilmte. Sie war die Kranführerin auf der Lenin-Werft in Danzig, deren Entlassung im August 1980 zu Streiks führte, die wiederum in der Gründung der freien Gewerkschaft Solidarność gipfelten. Die zweite war Henryka Krzywonos, die als Trambahnfahrerin am zweiten Tag des soeben

114

begonnenen Streiks ihr Fahrzeug vor der Danziger Oper anhielt, um den applaudierenden Passagieren zu verkünden, sie werde zum Zeichen der Unterstützung der Streikenden nicht weiterfahren.

Die eine wurde an ihrer Arbeit gehindert und veranlasste ihre Kollegen zum solidarischen Aufbegehren, die andere übertrug das Signal durch ihre Arbeitsverweigerung in die Außenwelt.

Das erste deutsche Wirtschaftswunder folgte auf das Trauma der Grausamkeiten und der Verwüstung des Dreißigjährigen Krieges. Die vom Pietismus (»wer arbeitet, dient Gott«) propagierte Disziplin und Emsigkeit während des Wiederaufbaus des Landes diente seiner Überwindung.

In Hans-Ulrich Treichels Roman *Der Verlorene*, der zur Zeit des Wirtschaftswunders der fünfziger Jahre spielt, kommen die pietistischen Tugenden zur Sprache. Der zehnjährige Protagonist sucht nach Gründen, warum die Sonntagsausflüge der Familie regelmäßig in einem Desaster enden und »wahre Schuld- und Schamprozessionen« sind. Der Junge würde die Spazierfahrten gerne genießen, leidet aber noch mehr als die Eltern unter den verdorbenen Ausflügen, »denn für die Eltern, die der Überzeugung waren, dass der Mensch nicht auf der Welt sei, um Ausflüge zu machen, sondern um zu arbeiten, waren die Ausflüge in gewisser Weise ohnehin verdorben«. Den Eltern, beklagt sich der Ich-Erzähler, »wäre es [...] nicht in den Sinn gekommen, auf die sonntäglichen Ausflüge zu verzichten, denn die sonntäglichen Ausflüge dienten erstens der Erhaltung der Arbeitskraft und waren zweitens dem christlichen

Respekt vor dem Sonntag geschuldet. Doch waren die Eltern unfähig, Freizeit und Erholung auch nur ansatzweise zu genießen. Anfangs habe ich mir diese Unfähigkeit mit ihrer einerseits schwäbisch-pietistischen und andererseits ostpreußischen Herkunft erklärt, denn ich wusste aus den Erzählungen der Eltern, dass weder der schwäbisch-pietistische noch der ostpreußische Mensch auch nur annähernd in der Lage ist, so etwas wie Freizeit oder Erholung zu genießen. Dann aber habe ich begriffen, dass ihre Unfähigkeit zur Freizeit und zur Erholung mit dem verlorengegangenen Bruder Arnold und dem Schrecklichen, was die Russen ihnen und speziell der Mutter angetan haben, zusammenhing.«

Treichels Geschichte beschäftigt sich mit einem Thema, das lange sowohl in Deutschland als auch in Polen ein Tabu war: der Flucht und Vertreibung der Deutschen nach 1945, infolge der von den Alliierten auf Stalins Drängen beschlossenen Grenzverschiebung. Die getrübte Lebenslust der kriegsgeprüften Familie, die das Genießen unmöglich macht, bringt dem Protagonisten auch dann quallvolle Minuten, wenn sich die Familie nach einem arbeitsamen Tag um den brandneuen Fernseher versammelt. Jede frivole Szene im Unterhaltungsprogramm legt auf den Familienabend einen Schleier aus Verklemmtheit, mit allgegenwärtiger »Schuld und Scham« im Hintergrund.

Heute kann man sich diese einstige Unfähigkeit der Deutschen, das Leben zu genießen, kaum vorstellen. Familienunterhaltung wird im deutschen Fernsehen groß geschrieben und hat sich zu einem beachtlichen Industriezweig entwickelt.

»Wetten, dass ...?« ist eine kultige Unterhaltungssendung, die an manchen Samstagabenden läuft; das habe ich gleich mitbekommen. Und da ich für fremde Kulte großes Verständnis habe, gab ich mir solidarisch Mühe, mich unterhalten zu fühlen. Da Ida mittlerweile in dem Alter ist, in dem man Samstagabend um 20 Uhr nur aus besonderen Gründen Zeit zum Fernsehen im elterlichen Wohnzimmer findet – »Wetten, dass …?« gehört definitiv nicht zu diesen besonderen Gründen –, musste ich mir die Teenagerlieblinge James Blunt und Robbie Williams als Stargäste alleine angucken. Die Sendung mit dem neuen Moderator wollte ich unbedingt sehen. Er arbeitete vier Stunden lang hart, und ich merkte bald, dass auch das Zusehen keine leichte Übung würde. So viel inszenierte Entspanntheit ist anstrengend. Daher wunderte ich mich kaum, als die beiden britischen Stars ein paar Tage später zu Hause im Rundfunk über den Abend auf dem »Wetten, dass …?«-Sofa, auf dem die ganze Sendung lang zu verbleiben sie vertraglich verpflichtet gewesen waren, erzählten, es sei schmerzhaft gewesen.

Ihre Ehrlichkeit traf bei den deutschen Zuschauern auf kein Verständnis. In den Kommentaren, die es in Deutschland auf die Interviews hagelte, wurde die Arbeitsethik der Sänger beanstandet. Es sei ein Vertrag unterschrieben worden. Und man bekomme auch etwas dafür, nämlich die Möglichkeit, für sich Werbung zu machen. Da die Sänger ja geblieben waren, galt die Kritik nicht der Tatsache, dass sie etwa nicht ordentlich gearbeitet hätten, sondern dass ihre Arbeit ihnen keinen Spaß gemacht hatte. Der Deutsche arbeitet nämlich »aus purer Freude an grenzenloser Arbeit an sich, ohne Ziel, ohne Zweck, ohne Ende«, schrieb der 1874 in München geborene Philosoph Max Scheler. Er war auch derjenige, der behauptete, Polen würden nur was vom »Träumen, Sinnen, Fühlen, Beten, aber auch Schnapstrinken« verstehen. Und derjenige, der sich über *Die Ursachen des Deutschenhasses* Gedanken machte und die Gründe in der »spezifisch deutschen Arbeitswut« sah, die »alle anderen Nationen aus ihren liebgewonnenen Paradiesen vertrieben« hätte.

Vier Stunden auf der Couch bei »Wetten, dass …?« – das passt jedoch rein stilistisch weder zu »Arbeitsethik« noch zu »Arbeitswut«, der »Urmitgift germanischen Wesens« (Scheler), finde ich.

»Fremdsein ist ein gewaltiges Handwerk, das Fleiß und Fertigkeit erfordert« – schrieb Franz Werfel in der Emigration. Werfel gehörte neben Thomas und Heinrich Mann, Bertolt Brecht und Alfred Döblin zu den Autoren, die vor den Nazis aus Deutschland und Österreich nach Amerika flohen. Nicht alle konnten dort Fuß fassen. In Heinrich Breloers Film von 2001 über die Familie Mann kommt ein kurzes Interview mit Curt Siodmak vor, dem deutsch-jüdischen Flüchtling, der in den USA als Drehbuchautor und Regisseur großen Erfolg hatte. Sein berufliches Fortkommen erklärte er so: »Ich habe den amerikanischen ›Schpirit‹ erwischt. Man muss so denken wie die Leute dort, wo man Geld verdient.«

Oder man macht es noch anders als Fremder und steckt seine ganze Energie in die Arbeit und bringt sein schwer verdientes Geld schnell wieder nach Hause. So haben es Scharen von Bauarbeitern, Klempnern und Putzfrauen aus der polnischen Volksrepublik in Deutschland getan, als das Währungsgefälle es ermöglichte, innerhalb eines Monats Geld für den Kauf eines Autos in Polen zu verdienen. Zu Hause hätte man ein Jahr dafür arbeiten müssen.

Sich ins westliche Ausland aufzumachen, um Geld zu verdienen, nannte man übrigens seit dem 19. Jahrhundert *na Saksy*, also »nach Sachsen« gehen, womit nicht zwangsläufig Deutschland gemeint sein musste.

Wie es die heute in Deutschland lebenden Polen mit ihrem Fremdsein halten, ist unterschiedlich. Die meisten arbeiten tatsächlich viel, und manche sind auch recht erfolgreich. Andere wiederum wollen den Erfolg gar nicht um jeden Preis, wie etwa die Mitglieder des Berliner »Clubs der polnischen Versager«, dessen Leitidee es ist, das eigene Versagen innerhalb der kapitalistischen Regeln festzustellen und immer wieder davon zu erzählen, »komplett fördergelderfrei«. Womit sie sich im preußischen und protestantischen Berlin großen Zulaufs erfreuen.

Doch die meisten von uns Polen, die wir heute in Deutschland leben, erfolgreich oder nicht, entscheiden uns für das Model Werfels: das Fremdsein bewusst als Handwerk betrachten. Für unsere Bekannten und Nachbarn sind wir die »Berufspolen«, immer bereit, auf Fragen zum Nachbarland eine Antwort zu geben, immer auf der Lauer nach Missverständnissen, die wir dann auszuräumen versuchen, dabei immer Vorurteile ins Lächerliche ziehend oder – umgekehrt – empört zurückweisend, immer bemüht, die Schokoladenseite unseres Landes noch schokoladiger erscheinen zu lassen. Pole sein aus Berufung und Stolz. Wir wollen nicht unsichtbar sein, und gleichzeitig wollen wir genau das. Das Balancieren dazwischen ist ein wichtiger, bisweilen anstrengender Nebenjob. Die Heimatsehnsucht der früheren Emigranten kennen wir dank offener Grenzen und guter Verkehrsverbindungen kaum. Und sollte sie uns befallen, könnten wir, wenn wir wollten, an ein Goethe-Zitat denken: »Die Sehnsucht verschwindet im Tun und Wirken.«

Bitte lächeln –
vom Umgang mit Menschen

Als ich es im Herbst 1990 entdeckte, war Deutschland für mich das Land des Lächelns. In meinem Land, das ich für ein Auslandssemester verließ, waren gerade erst die »schweren Zeiten« (von manchen »interessante Zeiten« genannt) mit Kriegsrecht und Wirtschaftskrise vorbei. Wir hatten dem Kommunismus Lebewohl gesagt und uns ins demokratische Abenteuer gestürzt. Mit den Oppositionspartys war es vorbei, aber wie die Unbekümmertheit der Freiheit auszusehen hätte, wusste niemand genau. Wenn man sich früher traf und – ausschließlich bulgarischen – Wein trank, sägte man dabei weiter am Unterbau des Systems. Im Urlaub in Masuren sang man am Lagerfeuer revolutionäre Lieder über die Mauern, die eines Tages einstürzen würden. In den damals modernen Soldatenrucksäcken (Jungs) oder selbstgenähten Riesentaschen aus Segeltuch (Mädchen) führte man normalerweise Bücher aus den Untergrundverlagen, Stapel von zu verteilenden Flugblättern, eine Zahnbürste – man rechnete weniger mit einer Festnahme, wusste aber oft nicht so genau, wo man übernachten würde (Polizeistunde) – und nicht selten eine Flasche Rotwein mit sich (aus demselben Grund). Mit leeren Händen zu kommen – das macht man in Polen einfach nicht, auch nicht als oppositionelle Jugend bei der Arbeit. Als 1990 dank der freien Marktwirtschaft und einer plötzlichen Fülle an Waren auch französischer oder italienischer Wein endlich zu kaufen war, konnten sich den erst einmal die wenigsten leisten. In meinem Land brach bald Goldgräberstimmung aus, einstige Philologie- und Philosophiestudenten tauschten jetzt ihre khakifarbenen Parkas und ausgewaschenen Jeans gegen Anzüge, machten fortan Politik und große Geschäfte und Ferien in Südeuropa.

In diesen bewegten Zeiten habe ich die deutsche Straße als einen Ort entdeckt, wo es etwas normaler zugeht, wo Menschen nicht zwangsläufig Wichtigeres zu tun haben: kein System zu stürzen und keinen Kapitalismus aufzubauen. Die nicht einkaufen gingen, als zögen sie in den Kampf, sondern stattdessen »einen schönen Tag« wünschten, in ihren kapitalistischen Läden »danke« sagten und einander anlächelten. Als ich nach meinem halbjährigen Stipendium wieder in Warschau landete, war dieses Anlächeln wie ein kostbares Mitbringsel für mich. Ich freute mich nicht nur über die Warenfülle in unseren Läden, sondern auch darüber, dass wir so locker geworden waren wie die Leute im Westen. Die Polen hatten die kapitalistische Lektion schnell gelernt: Der Kunde ist heute auch bei uns König, und gelegentlich hat man sogar das Gefühl, dass das ihm geschenkte Lächeln noch echt ist.

Polens Wirtschaft geht es gut, aber auf dem Gebiet des Umgangs miteinander hinkt mein Land mal wieder etwas hinterher. Heute ist es in Deutschland in den meisten Läden nicht mehr schick, den Kunden anzulächeln, auch der Kunde setzt oft eine Miene auf, als würde er dem Verkäufer mit seinen Besorgungen einen lästigen Gefallen tun. Deutschland ist cooler und mürrischer geworden. Nicht zu lächeln hat damit zu tun, die patriarchalischen Strukturen und die Konsumdiktatur abzulehnen, habe ich gehört. Womit das Nichtgrüßen der Erwachsenen durch die Kinder zu tun hat, weiß ich allerdings nicht so genau. Ich vermute, mit dem Recht eines Kindes auf freie Entfaltung. Uns jedenfalls hat man es ganz bürgerlich, Sozialismus hin oder her, noch eingebläut, und so etwas unterlag keiner Diskussion über Grundprinzipien der Rechte eines Kindes auf freie Meinungsäußerung. Ich kann mich jedenfalls nur an einen einzigen Fall mutiger Subversion und Provokation erinnern. Ein Spielkamerad vom Hof lehnte es in einem bewussten Akt der Gehorsamsverweigerung ab, Nachbarn, Freunde oder Fremde zu grüßen, was zumindest bei den Erwachsenen gar nicht gut ankam. Heute ist mein widerspenstiger Freund Politikwissenschaftler, schreibt Bücher über die Bürgergesellschaft und zivilen Ungehorsam und wünscht mittlerweile seinen Mitmenschen einen guten Tag.

Zurück in Deutschland Ende der neunziger Jahre fand ich mich plötzlich in einem Nicht-Grüßer- und Nicht-Lächler-Land und mich selbst mächtig spießig, denn ich wollte angelächelt und gegrüßt werden. Heute aber scheint wenigstens das Nicht-Hallo-Sagen langsam wieder aus der Mode zu kommen. Die Nachbarn registrieren sogar penibel die Manieren der jungen Generation. Freie Selbstentfaltung findet andere Formen, aber Grüßen muss heute sein. Ich selber habe jedenfalls bald aufgehört, bekannten, nicht grüßenden Kindern mit einem vorauseilenden, strahlenden »Hallo!« zu begegnen, wie ich es in meiner unspießigen Phase als Novizin der nicht-bürgerlichen Lebensmodelle getan habe, aus Respekt vor so viel gesellschaftlicher Nonkonformität, aber auch, um peinliches Schweigen beim Aneinandervorbeigehen zu vermeiden. Heute weiß ich nicht genau, wo die Grenze zwischen der Sittenrevolution und der Unaufmerksamkeit liegt, für die es in Bayern auch den Begriff »Wurstigkeit« gibt.

In Deutschland wird heute viel Energie dort investiert, wo man 1968 mit viel Aufwand mit den alten Sitten gebrochen hat. Die »Kinderstube«, wie man die Erziehung im Umgang miteinander genannt hatte und die man nicht mit dem berüchtigten preußischen Kadavergehorsam gleichsetzen wollte, wurde zusammen mit dem Muff von tausend Jahren fortgefegt. Wenn noch heute die Deutschen nichts so sehr fürchten, wie als spießig, förmlich, steif und ordnungsliebend zu gelten, so scheinen sie sich doch auf gute Manieren wiederzubesinnen, wie man Zeitungsdebatten, besorgten Fernsehrunden und Elterngesprächen entnehmen kann. Nichts kann wieder sein wie es war, nach dem Experiment mit den neuen Erziehungsmodellen und der Ablehnung der starren Regeln und der Autorität. Die Kinder der wilden Siebziger sind längst selber Eltern, aber kaum vorstellbar, dass heute jemand von ihnen die lieben Kleinen in die Kinderläden schicken möchte, die sie in den sechziger und siebziger Jahren selber besucht haben.

Michael Schwelien erinnert sich in seinem Essay *Wie man in Deutschland Kinder erzieht* an den Zeitgeist von 1968: »Daniel Cohn-Bendit und sein politischer Zögling Joschka Fischer [hatten] das Umsteigen in ›alternative Lebensformen‹ für das eigentliche revolutionäre Ziel erklärt. Auf dem Campus war ein [...] Asta-Gebäude ›umfunktioniert‹ worden – zu einem antiautoritären Kinderladen. Kinder von Kopf bis Fuß mit Farbe eingeschmiert, ungewaschen und ungekämmt, Hände und Gesichter mit Essensresten verklebt, standen an den offenen Fenstern des Hochparterres. Von dieser erhöhten Position bespuckten sie die Vorbeikommenden mit Kakao. Der ›rote Danny‹ Cohn-Bendit fand das mächtig revolutionär und klatschte vor Freude bei jedem Treffer in die Hände.«

»Du siezt Frau Grażyna nicht?«, fragt meine polnische Mutter meine deutsche Tochter halb erstaunt, halb resigniert; sie fragt das in jeden Sommerferien. Kaum aus dem Bus herausgepurzelt, duzt Ida munter alle Erwachsenen im Dorf, so wie sie es aus Deutschland kennt. Sie sind begeistert und fühlen sich jung. Deren Kinder siezen aber meine Mutter und mich; ich muss mich immer wieder erst daran gewöhnen.

Von polnischen Kindern wird erwartet, dass sie sich benehmen. Sie grüßen Nachbarn, Fahrstuhl-Mitreisende, bedanken sich nach einer Mahlzeit, wenn sie die Tischgesellschaft verlassen, setzen sich nicht in der Straßenbahn, ohne den Platz zuerst einem Erwachsenen anzubieten, und duzen nicht drauflos. Polen sind Weltmeister der Förmlichkeiten und stolz auf ihre adelige Kultur, deren Überbleibsel sie durch Jahrzehnte des Arbeiter- und Bauernstaates gerettet haben und die bis in

die Jetztzeit hinein die Umgangsformen der gesamten Gesellschaft prägt – im Gegensatz zu Deutschland, wo nach wie vor
die bürgerliche Etikette dominiert. Aus diesem Grund gilt in
meinem Land die Ansprache »Pani« (Dame) oder »Pan«
(Herr), die die jahrzehntelange sozialistische Propaganda und
das damals geforderte »Genosse« überdauert hat. Diese polnische Anredeform ist übrigens gänzlich inkompatibel mit dem
Nachnamen, wie es in Deutschland praktiziert wird. Auch in
schriftlicher Form und mit einem vorangestellten »sehr geehr-
ter« fühlt sich jeder mit »Herr Kowalski« Angesprochene wie
in der Armee oder einem Amt, wo er durchgezählt werden
muss. Kennt man sich besser und ist nur einen Schritt vom
Duzen entfernt, so verwendet man die Kompromissform zwischen Höflichkeit und Vertrautheit und bildet die von den
Deutschen viel belächelte Kombination aus »Frau/Herr« und
dem Vornamen, wie in »Panie Janie« oder »Pani Agnieszko«,
denn den Vokativ des Vornamens darf man dabei nicht vergessen. Warum eine Anrede wie »Herr Hans« allerdings den
Deutschen so ungewöhnlich vorkommt, habe ich nicht her-
ausgefunden. Wird die Protagonistin des allsilvesterabend-
lichen »britischen« TV-Sketches made in Germany nicht auch
»Miss Sophie« genannt?

Vor nicht allzu langer Zeit sorgte ein Bild in der deutschen und
gleich danach in der polnischen Presse für großes Aufsehen.
Es zeigt Angela Merkel beim Besuch einer Baustelle der Deutschen Bahn in Sachsen-Anhalt. Die Kanzlerin lächelt mehr
amüsiert als überrascht dem Mann zu, der, gebeugt über ihre
Hand, diese zur Begrüßung küsst. Der Bauarbeiter wird sofort

als ein Pole identifiziert. Es hagelt in der deutschen Presse Kommentare zum Thema »polnischer Knigge«. Wieder ist von der polnischen Höflichkeit die Rede, und wie immer bei solchen Komplimenten ist Hellhörigkeit geboten. In Polen werden diese Kommentare eher wohlwollend wahrgenommen, ja, mit Stolz. Der Pole zeigt der Welt, wie es geht, und bringt auch im Blaumann und mit Helm ein wenig Höflichkeit in diese kalte kapitalistische Welt.

Vorsichtigere Reaktionen erntete in Polen ein anderes Foto noch ein Jahr zuvor. Der polnische Ministerpräsident Donald Tusk wurde dabei abgelichtet, wie er auf dem EU-Gipfel Frau Merkel auf polnische Gentleman-Art begrüßt. Diesmal guckt die Kanzlerin noch überrascht, verdutzt sieht auch Merkels Sitznachbar, der EU-Ratspräsident Van Rompuy, aus. Ganz Europa kommentierte, was der polnische Premierminister da tat, und auch in Polen fragte man sich damals nach seinen Motiven; wohl wissend, dass es für die restliche Welt eine allzu exotische Geste war. Und tatsächlich brachte man die Meldung über die Begrüßung à la Polonaise direkt neben der Meldung zur Euro-Krise. Eine große deutsche Zeitung wollte bei dem polnischen Premier eine »feuchte Geste des Respekts« (so der Titel eines erstaunten Berichts) sehen, deren Handkuss »leidenschaftlich in der Gestik, jedenfalls so dringlich [war], dass Merkel fast erschrocken auf Tusks Scheitel hinuntersah«. Seine Befremdung wusste der deutsche Journalist mit einer kurzen Geschichte des polnischen Handkusses zu flankieren. Beruhigende Worte fand er am Ende für die Leser: Merkel könne gelassen weiteren Treffen mit Donald Tusk entgegensehen, so etwas wie ein Kuss auf die Schulter sei nur aus der Operette bekannt. Die Polen belassen es bei dem galanten Hauch auf die Hand.

Ohne mit dem belustigten Ton des Artikels mithalten zu wollen, sei bemerkt, dass der Scheitel des polnischen Politikers deswegen zu sehen war, da der polnische Handkuss eine strengen Regeln unterliegende Kunst ist. So hat der Mann die Hand der Dame nicht nach oben zu reißen, sondern sich ehrerbietig über sie zu beugen und den Kuss nur anzudeuten. Tusks Handkuss war in der Hinsicht perfekt.

Bei Jacques Chirac, der 2005 die Bundeskanzlerin ebenfalls mit einem Handkuss überraschte, war die deutsche Presse dagegen unendlich wohlwollender: »Formvollendet« sei die Begrüßung des französischen Präsidenten gewesen, der Staatschef habe sich als »vollendeter Gentleman« gezeigt. Niemand versuchte, französische Manieren zu erklären, wie ein paar Jahre später beim Polen, oder sich über die Begrüßung à la française lustig zu machen – die Franzosen verstehen halt etwas von Etikette, sie haben sie ja schließlich erfunden. Diesen Unterschied in der deutschen Betrachtung einer fremden Sitte, die sie offenbar lieber den anderen überlassen, empfinde ich als nicht ganz gerecht. Und wundere mich immer wieder, wie viel Aufsehen so ein Handkuss in Deutschland überhaupt erregt.

In meinem Land war er bis vor Kurzem recht verbreitet und kommt auch heute nicht exotisch, sondern höchstens altmodisch daher. Ursprünglich wurde ein Siegelring geküsst, als Zeichen der Ergebenheit, Dienstbereitschaft und des Respekts. Als Restritual wurde der Handkuss später durch das Bürgertum in den Städten praktiziert, doch küsste man ausschließlich die Hand einer verheirateten Dame, und niemals streckte der

Mann als Erster der Dame seine Hand zur Begrüßung entgegen. Auch wenn sie heute noch von manchen Männern in Polen hartnäckig ausgeübt wird, so wird diese rein oberflächliche Geste der Respekterweisung meist als Symbol des Patriarchats und der vermeintlichen Privilegiertheit der Damen verurteilt, weil sie nicht mit der realen gesellschaftlichen Stellung der Frau korrespondiert. Als konservativ gilt er schon längst – vor allem bei den Polen selbst. Erst recht deplatziert wirkte er im realen Sozialismus, wo Arbeiterinnen bei diversen Feierlichkeiten mit einem Handkuss gewürdigt wurden. In dem Land, wo die Genossinnen Bäuerinnen dem legendären Appell »Frauen auf die Traktoren!« folgten, wo Fabrikarbeiterinnen mit härtester körperlicher Arbeit Produktionsrekorde erzielten, küsste man galant die nach Benzin riechende Hand der Traktorfahrerin, während man ihr den obligatorischen Nelkenstrauß überreichte.

Und während der offizielle Sprachgebrauch neue Anredeformen propagierte (neben »Genosse« auch »Bürger«), wehrte man sich gegen sie mit der Übernahme der Formen aus der offiziell untergegangenen Welt des Adels, auch wenn es vor dem Krieg unter den breiten Massen ganz und gar unüblich war, sich zu siezen. Der polnische Handkuss war also ursprünglich, wie die Anrede mit *Pani* und *Pan*, eine Art subversives Savoir-vivre. Ein wenig Versailles inmitten der realsozialistischen Sittenverrohung.

Wenn Polen auf ihre adeligen Sitten stolz sind und sie gleichzeitig als altmodisch und weltunkompatibel ablehnen – ein Widerspruch, mit dem jeder moderne Pole ringt –, so kann es nicht wundern, dass sie mit ihnen auch in Deutschland für Irritationen sorgen. Die polnischen Soziologen bemerkten nicht erst seit dem Fall des Kommunismus, dass der vielleicht bedeutendste Unterschied zwischen unseren Gesellschaften die Tatsache ist, dass sich in Polen das Bürgertum als soziale Klasse erst in jüngster Zeit im Entstehen befindet. Es ist sicher nicht zu weit hergeholt zu behaupten, dass der polnische Handkuss – auf den ich gut verzichten kann, auch wenn er mittlerweile eine nostalgische Komponente hat und fast unwirklich erscheint – und der deutsche Handschlag symbolisch für die beiden Gesellschaften stehen. Mir gefällt die gleichberechtigte deutsche Art, auch Frauen mit einem beherzten oder beiläufigen Handschlag zu begrüßen. Er ist verbindlich und distanziert zugleich. Dass sich allerdings auch Frauen untereinander so begrüßen, statt sich Küsschen auf die Backe zu drücken, ja, dass auch Omas dem Enkelkind die Hand entgegenstrecken, statt es in die Arme zu reißen, das war für mich neu.

Aber in jüngerer Zeit gleichen sich unsere Begrüßungsrituale einander an. Auch in Deutschland begrüßen sich Freunde mit einem Schmatzer auf die Backe. Es gefällt nicht allen, auch wenn eine bekannte Werbung darin die normalste Sache der Welt sehen möchte. Doch Küsschen, die »man einem Freund gibt«, und das bürgerliche Handreichen werden unaufhaltsam vom international bewährten und lässigen In-die-Arme-Fallen ersetzt. Vom flüchtigen Schulterblätterbeklopfen bei eine Umarmung imitierender Verbeugung bis zum blitzschnellen Drücken und herzlichem Umschlingen sind viele Varianten möglich. Bei Polen, die mit der Begrüßungsküsserei – auch unter verwandten Männern – noch nie ein Problem hatten, setzt sich das rituelle Umarmen etwas langsamer durch, da diese Geste bei uns bis vor Kurzem noch den allerhöchsten

Grad an Vertrautheit ausdrückte und deswegen etwas sparsamer zum Einsatz kommt. Doch scheint es eine gute Alternative zum bei uns als ausschließlich männlich angesehenen Handschlag zu sein. Wenn eine Umarmung heutzutage, den amerikanischen Filmen und deutschen Freunden sei Dank, zu einer flüchtigen Begrüßungs- und Verabschiedungszeremonie verkommt und etwas verwässert – sei's drum. Dafür wird es weniger interkulturelle Verwirrung und erstaunte Journalisten geben. Doch ich ertappe mich dabei, wie ich kurz davor stehe, den altmodischen polnischen Handkuss cool zu finden.

Sucht man im Internet nach »Kinderstube«, werden Seiten heruntergespult mit Untertiteln wie »Das neue Portal für junge Eltern«, »Kindermode«, »Babyartikel« oder »Elterninitiative«. Die Kinderstube ist niemandem einen Haupteintrag wert und wird höchstens als nostalgisch anmutende Bezeichnung einer Homepage verwendet. Sie klingt nach vergangenen Zeiten. Das Polnische aber hat das Wort rechtzeitig übernommen, samt dem Phänomen, wie etwa auch die Begriffe »Ersatz«, »Weltschmerz« oder »Reisefieber«. Die dem Deutschen gegenüber ansonsten so skeptische englische Sprache verliebte sich das gern als Beispiel eines erfolgreichen deutschen Sprachexports genannte Wort »Kindergarten« ein. Dagegen wird im Polnischen die Einrichtung zur frühkindlichen Betreuung einfach Vor-Schule genannt, denn die Bedeutung eines Kindergartens war in Polen traditionell eine andere, und die Erziehung kleiner Kinder fand hauptsächlich zu Hause statt.

Dabei hat die Erfindung des Kindergartens die Welt verändert, ähnlich der Erfindung des Dieselmotors, des Buchdrucks, des Kaffeefilters und der Glühbirne. Im Kindergarten – die Assoziation mit Gemüseanbau war nicht ganz zufällig, wie Thea Dorn in ihrem interessanten Essay zum Thema bemerkt – sollten die Kinder nicht nur aufbewahrt werden, wie es in den philanthropischen Einrichtungen bereits im 18. Jahrhundert weltweit praktiziert wurde, sondern gleich Pflanzen, die »unter Sorgfalt erfahrener einsichtiger Gärtner im Einklang mit der Natur [...] gepflegt werden«, erzogen »in Übereinstimmung mit sich, mit Gott und Natur«.

Freilich bereiten auch polnische Kinder den Erwachsenen seit jeher Kummer mit ihrem Verweigern von Regeln, und es wird heute gerne gegen die aus dem Westen importierte antiautoritäre Erziehung gewettert. Die gute alte Kinderstube ist vielen immer noch das Maß aller Dinge. Oft erscheint es einem polnischen Besucher, dass die Deutschen mit ihren Erziehungsgrundsätzen mit einer viel größeren Lässigkeit umgehen. Von den Deutschen als den Erfindern der Kinderstube erwartet man geradezu mustergültige Manieren. Meine Erklärung als Deutschland-Expertin in Polen, die deutschen Kinder seien von einer anderen, höheren Form der Kinderstube geprägt, die einfach lässiger daherkommt und nichts damit zu tun hat, dass ihre Regeln nicht bekannt wären, stößt bei meinen Landsleuten auf Unglauben. Dabei kann ich selbst nicht immer genau sagen, ob die Kinderstubenverweigerung wirklich eine bewusste Distanzierung zum früher üblichen »preußischen« Drill bei der Erziehung ist.

Ende der neunziger Jahre teilte ich im Nachtzug nach München das Abteil mit einer weltläufigen und gesprächigen Studentin aus Breslau. Sie ließ, trotz später Stunde, ihrem Staunen über Deutschland freien Lauf. Es würde sich dort niemand für nichts entschuldigen, die Leute würden einem keinen Platz machen, wenn sie zu dritt nebeneinander auf dem Bürgersteig gehen, und wenn sie einem Kind Schuhe zubinden wollen, bleiben sie breit und bequem dort stehen, wo das Problem festgestellt wurde, zum Beispiel mitten auf dem Gehweg. Ich nickte freundlich, dachte mir aber: Was für eine spießige junge Dame. Mag stimmen, dass die Leute in München eher »Hoppla« rufen, wenn sie einen beinahe umrennen, statt »Entschuldigung«, und ja, sie bleiben schon mal im Eingang (gerne mit Fahrrad) stehen, wenn sie eine Unterhaltung führen. Und es ist wahr, dass die meisten ihre Stimme in der öffentlichen Bibliothek nicht senken, manche auch im Kino nicht, geschweige denn im nächtlichen Treppenhaus, und ja, viele finden es nicht nötig, ein auch noch so knappes »Danke« von sich zu geben, wenn man ihrem sperrigen Kinderwagen Platz macht, und auch dann nicht, wenn man sie in der Straßenbahn fragt, ob sie sitzen möchten – auf diese Frage hörte ich neulich von der Dame, der ich meinen Platz überlassen wollte, da sie einen schweren Korb mit einem Hund bei sich hatte, ein schlichtes »Nein«. Aber was soll die Empörung? Führt denn der förmliche Umgang und die polnische »vornehme Zurückhaltung in der Öffentlichkeit«, wie es ein deutscher Freund nennt, automatisch zu einem angenehmeren Umgang miteinander?

Man kann gegenseitige Rücksicht und Freundlichkeit anders ausdrücken als durch starre Höflichkeitsformeln. Und es befällt mich förmlich ein Neidgefühl ob so viel ungezwungenen Auftretens. So locker wie die Deutschen müsste man sein.

Höflichkeit ist ja keine Sache der gelernten Manieren, sondern des gegenseitigen Respekts. Ist er ernst gemeint, erkennt man ihn, auch wenn eindeutige Zeichen fehlen, die Knigge, Kinderstube oder noch anders genannt werden und die zum Quälen der Kinder erfunden wurden. Aber manchmal ist ein »Danke« statt eines »Nein« ein sichtbares, leicht zu lesendes Signal, das unabhängig von Sprache grenzübergreifend das gegenseitige Verständnis erleichtert.

Nach längeren Aufenthalten in Polen muss ich mich manchmal wieder daran gewöhnen, dass man in München als Frau nicht automatisch von einem sitzenden Herren einen Sitzplatz angeboten bekommt, auch dann nicht, wenn man mit ihm ins Gespräch kommt; dass man nicht – nur weil man eine Frau ist – an der Tür den Vortritt erhält oder dass man seinerseits womöglich für unhöflich gehalten wird, wenn man seine Tochter nicht dazu anhält, den Erwachsenen »Pfote zu geben«. Das tue ich nicht, da ich mich an die aus Polen bekannte eiserne Rangordnung halte: die Frau gibt dem Mann die Hand, der Professor dem Studenten, ein Erwachsener dem Kind. Diese Regel – selbst wenn im deutschen Knigge enthalten – stößt in Deutschland auf Verwunderung und wird kaum praktiziert.

Ich melde mich am Telefon auch nicht mit meinem Nachnamen und habe das auch meiner Tochter so beigebracht. Die deutsche Sitte, beim Abheben des Hörers seinen Namen zu nennen, ist nirgendwo sonst bekannt und passt wunderbar in das Klischee eines ordnungsbewussten Deutschen. Die Klischees, die man den Deutschen zuschreibt, sind ihnen bewusst, und sie nehmen sie mit bewundernswerter Distanziertheit und Humor auf. Macht man sie aber auf die Sache mit dem beamtenmäßigen Nennen des Nachnamens aufmerksam, während sie im Bademantel und mit Bier in der Hand nach dem Telefonhörer greifen, staunen sie. In einem Fall konnte ich einen Anrufer aber dazu bringen, mir recht zu geben. Unser Gespräch verlief so: Klingeln. – »Hallo?« – »Ja, hallo.« – »Ja, hallo?« – »Hallo?« – »Wer ist da?« – »Sie rufen mich an. Sagen Sie zuerst, wer Sie sind.« – »Sie haben ja recht.« Dann folgte eine freundliche Verabschiedung. Der Mann hatte sich verwählt, daher weiß ich nicht, ob er die neu gewonnene Einsicht jemals in die Tat umsetzen konnte. Ich hätte mich gerne noch länger mit ihm über die Inkompatibilität der Manieren unterhalten, aus denen man aber keineswegs schließen darf, wie freundlich Menschen in verschiedenen Ländern tatsächlich sind.

Als deutsch-polnisch sozialisierter Mensch respektive Mutter eines solchen Menschen schließt man oft Kompromisse. Nachdem ich eine leichte Germanisierung in Sachen Manieren und Kinderstube durchlaufen habe, deren wichtigste Erkenntnis lautet, »man soll nicht alles so schrecklich ernst nehmen«, komme ich gut klar mit der modifizierten Version des deutschen Knigge. Ich lege mittlerweile mehr Wert darauf, wenn ein zum Essen eingeladenes Kind sagt: »War lecker!«, während es sich die Soße mit dem Ärmel statt mit der Serviette vom Mund wischt, als wenn es – wie in Polen erwartet – nach der Mahlzeit so höflich wie lustlos »danke« murmelt, ehe es vom Esszimmerstuhl aufsteht. Polnisch altmodisch bestehe ich darauf, dass meine Tochter nicht nur alle Nachbarn grüßt, sondern auch, dass sie nicht zu später Stunde bei Freunden zu Hause anruft oder in einem Minirock von der Breite eines

Gürtels in die Schule geht, aber dafür erlasse ich ihr viele polnische Höflichkeiten und nehme in Kauf, dass man mich in Polen als Verfechterin der »stressfreien« Erziehung, dafür in Deutschland als die Spießerin und Oberglucke betrachtet.

Meine Methode, interkulturell zurechtzukommen, hat sich als unkompliziert erwiesen: in Polen kritisiere ich die polnischen Erziehungsgrundsätze, in Deutschland die deutschen. Erst die Mischung macht es aus: ausgelassene Kinder, die trotzdem wissen, was sich gehört, und die bereit sind, die Regeln der anderen zu respektieren. Am schönsten ist es, wenn sich ihre guten Manieren mit echter Lebensfreude und Offenheit vermischen.

Freibäder in München – ich liebe dieses Feriengefühl mitten im Schuljahr. Ich habe mich schon daran gewöhnt, dass ich oft die Einzige bin, die sich an den zwischen den Handtüchern kickenden Fußballern stört – besonders dann, wenn der Ball knapp über meine Zeitung oder den Kaffeebecher huscht und der mitgebrachte Ghettoblaster eine Lektüre oder Unterhaltung unmöglich macht. Vor nichts haben meine deutschen Mitmenschen größere Angst als davor, »oberlehrerhaft« zu wirken. Niemand will »schon wieder meckern«. Deswegen ermahnt auch niemand die Kinder, die im Park die rachitischen Stadtbäume ihrer unteren Zweige berauben, indem sie auf diesen reiten – weil »man fremde Kinder nicht erzieht«. Niemand greift ein, wenn eine Dreijährige von drei sechsjährigen Kindergartenkameraden verdroschen wird, da sie »zu viel« beim Kicken redet, weil man sich nicht »einmischen« sollte, wenn Kinder untereinander Konflikte austragen. Meine Tochter war sehr böse auf mich, als ich wider den herrschenden Konsens gegen das Köpfe-Einschlagen einschritt und mein Kind mangels Überzeugungsmöglichkeiten in der Hitze des Gefechts vom Boden auflas und davontrug, denn sie hätte sich gerne geprügelt.

Etwas war für mich falsch in diesem Bild. Als Kinder lernten wir, dass Mädchen von den Jungs nicht geschlagen werden, »nicht einmal mit der Blume«. Das war die höchste Regel im Ehrenkodex jedes polnischen Kavaliers, auch wenn er erst fünf war, noch vor Türaufhalten, der Dame in den Mantel helfen etc. Doch die Zen-Gelassenheit deutscher Mütter, die kommentarlos zusehen, wie ihre Söhne einem einzigen kleinen Mädchen mit Gewalt entgegentreten, kann ich bis heute nicht nachempfinden. Genauso bin ich gerne bereit, auf das Nicht-Einmischungs-Prinzip zu pfeifen, wenn ich derbe Sprüche aus neunjährigen Mündern höre, mit denen sich die süßen Kleinen auf Spielplätzen überbieten, um einander absichtlich wehzutun.

Vielleicht braucht jede Gesellschaft, wie der Philosoph Nicolai Hartmann feststellt, feste Umgangsformen als »tiefste Lebensnotwendigkeit«. So etwas wie ein universelles Regelwerk, in dem für alle konkreten Situationen das korrekte Verhalten nachgeschlagen werden kann, gibt es aber nicht. Der angemessene Umgang mit einem Handy in der Öffentlichkeit zum Beispiel konnte in einem Knigge aus den sechziger Jahren noch nicht enthalten sein. Wem aber der respektvolle »Umgang mit Menschen«, wie dem Freiherrn Knigge, wichtig ist, der wird das mühelos selbst herausfinden. Und das Wichtigste ist sowieso das Lächeln. Wer andere anlächelt, nimmt sie wahr. Und ist nicht geneigt, eine Benimm-Haarspalterei betreiben zu wollen. Wo und wann küsst man die Backe oder die Hand, drückt sich oder klopft einem auf den Rücken, nickt sich aus der Distanz zu oder schüttelt die Hände, wer wem zuerst die Hand entgegenstreckt … wer soll sich das alles merken? Auch James Bond, der vielleicht berühmteste Gentleman, zeigt seine lässige Einstellung zu den nicht ganz wichtigen Dingen im Leben und antwortet in einem der letzten Filme auf die unsterbliche Frage »Geschüttelt oder gerührt?«: »Sehe ich so aus, als ob mich das interessiert?« Dass er in dem Moment nicht lächelt, sei ihm verziehen – er rettet gerade die Welt.

Grenze ist ein polnisches Wort – über die Weltoffenheit

Ein schwedischer Studienfreund sagte mir vor Jahren, er würde niemals nur eines Landes wegen verreisen, egal wie schön es dort auch sei. Für ihn zählten nur die Menschen, nicht die Landschaft oder die architektonischen Sehenswürdigkeiten. Das beeindruckte mich. Ich fand es einleuchtend, aber auch exzentrisch und sehr, sehr westlich, hatte ich selber doch bis dahin gerade einmal zwei fremde Länder kennengelernt. Fremde Landschaften und architektonische Sehenswürdigkeiten interessierten mich brennend. Besuchen und besichtigen, das wollte ich alles später unbedingt nachholen.

Meine Landsleute fingen Anfang der neunziger Jahre an, fremde Länder zu bereisen. Wir wollten endlich dahin, wo alle schon gewesen waren, alle aus normalen Reiseländern, die schon immer ihre Pässe und Visa hatten und vor allem über die finanziellen Mittel verfügten. Wie die Deutschen wollten wir überallhin fahren – nur vielleicht nicht unbedingt als Erstes nach Deutschland. Aber auch die Deutschen waren noch lange nach der Grenzöffnung nicht gerade scharf auf ihren im Osten gelegenen Nachbarn, sondern fuhren weiterhin in ihren europäischen Süden. Und das wollten wir auch als Erstes, zumindest die meisten, denn der Süden zählte für uns ja auch zum ersehnten Westen.

Aus der ersten Phase meines Verliebtseins in die deutsche Sprache stammen Entdeckungen wie das Wort »Fernweh«. Vom Deutschunterricht kannte ich »Heimweh«; dass es das Umgekehrte gibt, offenbarte mir später viel über die deutsche Seele. Als ich dann nicht nur ihre Sprache, sondern auch ein paar Deutsche dazu kennenlernte, verstand ich sofort, warum sie für beides einen eigenen Begriff haben. Niemand reist so viel, so beharrlich wie die Deutschen. Nirgendwo gehört das Verreisen so sehr zum Leben wie hier. Ich habe mich daran gewöhnt, über die Reiseaktivitäten meiner deutschen Freunde regelrecht Buch zu führen, mindestens einer treibt sich garantiert immer irgendwo in der Welt herum. Auf unserem Kühlschrank gibt es schon längst keinen Platz mehr für all die schönen, skurrilen, kunstvollen und kitschigen Postkarten aus Thailand, Kalifornien, Australien, Südkorea, Israel, Schottland, Finnland und China. Hatte für mich früher das Wort »Urlaub« den Klang von: meine Eltern haben zwei Wochen frei und verbringen einen Teil unserer langen Schulferien mit uns am See (ausnahmslos jedes Jahr an demselben, weswegen wir den auch so liebten), so klingt das in Deutschland unbedingt nach einer Reise ins nähere oder fernere Ausland. Italien im Frühsommer, Griechenland zu Ostern, Türkei im Herbst, für ein bisschen mehr Sonne als zu Hause.

Andererseits haben die Deutschen inzwischen auch ihr eigenes Land als Urlaubsziel wiederentdeckt. Die Ostsee, besagen einschlägige Studien, ist die deutsche Lieblingserholungsgegend. Das verstehe ich gut. Auch mir haben andere Strände noch nie besser gefallen. Als Kind verbrachte ich jedes Jahr einen Monat im Sommerlager am Meer, meinen Eltern und dem gut funktionierenden staatlichen polnischen Sozialsystem sei Dank. Das war dort, wo die Strände genauso schön sind wie auf der deutschen Seite, wo sie aber in der Zeit vor der Wende auf den westdeutschen Nachrichten-Wetterkarten grau markiert waren. In Wirklichkeit waren sie nicht grau, sondern blau wie das Wasser, weiß wie der Sand und grün wie die Kiefern.

Während Deutschland für unser kollektives Bewusstsein lange Jahre hauptsächlich das Land im nahen Westen war, wo man – wenn man es geschickt anstellte – West-Geld verdienen konnte, so war Polen für die Deutschen im Gegenzug vor allem das Land, aus dem die meisten Gastarbeiter kamen. Polen, das war nirgendwo und grau. Dass sich die Deutschen für Polen nicht interessierten und ihr Interesse für den »Osten« bestenfalls ab Russland anfing, dankten wir Polen den Deutschen damit, dass der »Westen« für uns erst ungefähr ab Paris galt. Es gab bei uns Leute, die hinter dem Eisernen Vorhang die Netzpläne der Pariser Metro auswendig lernten, aus Sehnsucht und als eine vergebliche Übung, denn nach Paris fuhren sie damals nicht. Deutschland, sowohl das eine hinter der einen Grenze als auch das andere hinter der zweiten, regte die Phantasie nicht an. Erst viel später sollte Berlin für die Polen zu einer wichtigen Kulturstadt werden – heute von Warschau aus in knapp sechs Stunden mit dem Eurocity Warszawa-Berlin erreichbar, dem wahren rollenden internationalen Kulturhaus und der internationalen Handelskammer, in dessen Speisewagen sich täglich Vertreter beider Länder aus Kultur und Wirtschaft auf ein inoffizielles Bier oder ein Frühstücksei treffen.

Jahrzehnte lang lebten Polen und Deutsche dank der »Friedensgrenze« an Oder und Neiße, die zuerst die Grenze zum Bruderland DDR, später zum vereinigten Deutschland war, getrennt voneinander, nebeneinander, ohne eine Bindung zueinander aufbauen zu können. Doch dann öffneten sich die Grenzen, wenn auch zunächst nur ein kleines bisschen. Für uns Studenten hieß es, dass wir von nun an nicht nur in Deutschland studieren, sondern auch in den Semesterferien dort arbeiten konnten. Ein Semester in Bonn hatte ich bereits hinter mir, als ich einen langen August dank einer studentischen Arbeitsvermittlung in einem Strandpromenadencafé in Scharbeutz anheuerte. Ein weiteres Stipendium stand an, diesmal an der schwedischen Westküste, für das ich noch finanziell vorsorgen musste. Die gesamte Familie hielt den Atem an: Ihre Geschichten über mich und Kirschsaft auf weißen Leinenhosen oder Rote-Bete-Gemüse, das auf Weihnachtstischdecken landete, waren alle dem wahren Leben entnommen. Als Kellnerin konnte ich gröbere Katastrophen jedoch vermeiden, und ich glaube, dass meine norddeutschen Arbeitgeber mit mir recht zufrieden waren. Dank des Trinkgelds bereitete mir das Preisniveau der schwedischen Supermärkte bald keine Albträume mehr.

Es war ein intensiver Monat, der, im Nachhinein betrachtet, so typisch für diese Phase war, in der sich mein Land und seine Menschen damals befanden. Meine Begegnung mit Deutschland wurde zu einer Mischung aus althergebrachten Mustern (die Deutschen spielten die Rolle der auf Profit bedachten Arbeitgeber, die Polen die der nicht allzu wählerischen Arbeitnehmer), dem Abenteuer »erstes selbstverdientes Geld« und einer Lektion in Distanziertheit. Außer mir schufteten noch eine Studentin und eine Küchenhilfe aus Polen während ihrer Ferienzeit im Café. Viel Zeit zum Plaudern gab es nicht, doch konnte es passieren, dass wir zwischen Bestellen, Polieron, Verteilen und Wiederabräumen der Sitzkissen je nach Wetterlage, Eisverkaufen und Abwischen der Tische zwei Sätze miteinander wechselten. Aber die Cafébesitzer waren der ohne Umschweife laut geäußerten Meinung, wir hätten uns nicht auf Polnisch zu unterhalten. Die Begründung war recht logisch: Die Gäste könnten sonst denken, es sei ein polnisches Café. Ich kommentierte das nicht, weil mir die Situation etwas irreal vorkam. Heute würde ich den Herrschaften etwas Scharfzüngiges zu erwidern versuchen, aber damals fand ich es zum Lachen. Abends erzählte ich meinen Freunden davon, die ebenfalls Jobs in dem charmanten Städtchen gefunden hatten. Irgendwie genossen wir diesen Vorfall; uns geisterten Romane aus dem 19. Jahrhundert über die geknechtete Unterklasse sowie patriotische Literatur im Kopf herum. In bester Ferienlaune veranstalteten wir als Antwort auf die »Germanisierung« ein tägliches Happening: Meine Freunde kamen ins Café, setzten sich möglichst zentral an einen der Tische und ließen sich von mir bedienen. Wobei wir uns immer ein Weilchen unterhielten, laut und deutlich auf Polnisch, zahlende Gäste behandelt man schließlich respektvoll. Für das Schauspiel gingen massiv meine Trinkgelder drauf, denn die Freunde taten ja nur so, als würden sie Kuchen und Getränke bezahlen. Aber an das Gefühl der Genugtuung erinnere ich mich noch heute gut.

Und ich erinnere mich gerne an interessante Gespräche mit den deutschen Cafégästen und ihre Fragen nach Polen. Auch an den Strand, den ich meist erst nach Sonnenuntergang oder in den wenigen freien Stunden sah, habe ich schöne Erinnerungen. Für mich waren es trotz allem gelungene erste deutsche Ferien. Und im September, auf der anderen Seite der Ostsee, wo ich wieder ein Studentenleben vom Feinsten führen durfte, hatte ich alles Unangenehme sowieso wieder vergessen.

In den Münchner Kneipen bin ich heute jedenfalls der umgänglichste Gast, den man sich vorstellen kann. Kellnern kann stressig sein, besonders wenn man dabei eine interkulturelle Gratwanderung vollführen muss.

Eine Pressemitteilung der Bundesregierung vom September 2013 verkündet: »Deutschland ist ein weltoffenes und tolerantes Land – Integration gelingt.« Über sechzig Prozent der Deutschen würden in der Zuwanderung eine Chance sehen (hingegen nur neunundzwanzig Prozent der Engländer). Fünfzig Prozent seien mit der Integrationspolitik der Regierung zufrieden, für nur dreißig Prozent sei sie ein Problem. Wahrscheinlich sind dies gute Zahlen. Die Bundesregierung ist jedenfalls zufrieden mit der Wirkung der Förderprogramme, sie würden das Wir-Gefühl stärken. Ich finde auch, dass Deutschland ein offenes und tolerantes Land ist und habe ganz oft ein Wir-Gefühl. Trotzdem versuche ich mir nichts dabei zu denken, dass ich rein theoretisch für jeden dritten Deutschen »ein Problem« darstelle. Ich nehme es nicht zur Kenntnis. Und ich überlasse nichts dem Zufall. Integration lässt sich nicht verordnen und passiert – auf beiden Seiten – aus freien Stücken. Ich jedenfalls bin eine wandelnde Integration. Nicht nur benehme ich mich meistens höflich, schon vor Jahren veranstaltete ich auch Kurse in Frühförderung: im Sandkasten, im Schwimmbad, im Park, überall förderte ich die Deutschen wie Nicht-Deutschen und deren Kinder im Umgang mit meiner mal Deutsch, mal Polnisch sprechenden damals noch kleinen Tochter. Ich führe seit Jahren regelmäßig Sprachkurse für verschiedene Altersstufen durch: Polnisch für Anfänger und Fortgeschrittene, je nachdem, ob es sich etwa um unsere Nachbarn handelt, die meinen Gesprächen mit Ida schon länger lauschen können, oder um andere Bekannte. Ich gebe Seminare in Landeskunde, indem ich gelegentlich Leute zum Essen einlade. Ich veranstalte Studienreisen, indem ich mit Freunden nach Polen in die Ferien fahre. Ich zeige interkulturelle Sensibilität, wenn ich mich über Polenwitze aufrege, und Engagement, wenn ich an ehrwürdige Redaktionen und Fernsehsender Leserbriefe verfasse, wenn sie aus Versehen stumpfe Klischees verbreiten.

Früher war das anders. Früher reagierte ich trotzig und mit Blödeleien auf jegliche Beweise, wie wenig die Menschen hier über die Menschen dort wussten. Mir schien es in der Ära vor der EU-Osterweiterung die einzige Art, auf die Ängste und Befürchtungen der »alten« Europäer zu antworten, von denen hauptsächlich die Deutschen in meiner direkten Reichweite lagen. Anfangs versuchte ich noch, alles zu erklären, und war voller Verständnis für die Wissenslücken der Westler. Einer inneren Verpflichtung neu Zugezogener folgend, wollte ich auf Partys, im Theater, auf der Bierbank stets beweisen, dass ich keine Barbarin, sondern kultiviert und liebenswürdig bin, und stand allen Rede und Antwort, die einen Annäherungsversuch wagten. Ich erklärte zum Beispiel, dass wir früher in Polen sehr wohl westliche Musik hörten und dass bei uns Kultbands durchaus bekannt waren, die auch woanders auf der Welt Kult waren, und fügte ungefragt hinzu, dass die Rolling Stones in den Sechzigern auch uns besuchten. Ich sparte mir dabei die philosophische Frage, was denn unter westlicher Musik eigentlich zu verstehen sei. Nur Schubert oder auch Chopin, der ja genau genommen einer von uns war?

Irgendwann begann ich aber, auf die wohlwollenden Smalltalk-Fragen nach Polen zu antworten, dass in Ostpolen Eisbären durch die Straßen liefen und außerdem wodkavolltrunkene Barbaren durch die Städte torkelten – man solle es sich doch auf eigene Gefahr ansehen kommen. Dank deutscher Freunde, die einen Weg gefunden hatten, sich für Polen zu interessieren, drang es irgendwann zu mir durch, dass der mittlerweile längst gefallene, aber weiter unsichtbar existierende Eiserne Vorhang doch keine nur in eine Richtung durchlässige Membran war. Aber jeder hat die Abenteuer, die er verdient. Wen Polen nicht interessiert, erkannte ich, der muss doch gar nicht hin. Heute hat sich mein Trotz auf Partys etwas gelegt, und ich jage niemandem mehr Angst vor weißen Bären ein, sondern antworte auf Polen-Fragen knapp, höflich und informativ, ohne den aktuellen Währungskurs zu vergessen.

146

Längst sind Polen und der ganze Osten Europas kein Geheimtipp mehr, auch wenn eine Reise dorthin einiger Entschlossenheit bedarf: Wer riskiert schon gerne zwei Wochen Regen in den Masuren. Andere, wie der Schriftsteller Andrzej Stasiuk, entdeckten – kaum waren die Grenzen zum ersehnten Westen offen – den Südosten Europas. Stasiuk ist der auch in Deutschland bekannte Poet des Zerfalls, des »Unzivilisierteren«, des Ostens und Südens hinter dem Osten. Nicht Portugal, Südfrankreich oder die Toskana sind in seinen melancholischen Reiseberichten zu finden, obwohl sie endlich erreichbar wären (und obwohl eines seiner Bücher *Fado* heißt), sondern Albanien, Rumänien, Moldawien, all die »schwachen Orte« zwischen »Ostsee und Schwarzem Meer«, die »verschwinden, sobald man sich abwendet«. Für den aufmerksamen Blick auf das schwindende postkommunistische Mittel- und Osteuropa liebt man ihn in Polen wie in Deutschland. Deutschland wiederum, das Land der äußeren Form, in dem alles stets seinen zugewiesenen Platz hat, sieht der Autor mit dem etwas strengeren und gleichzeitig gelangweilten Blick eines »literarischen Gastarbeiters«.

Schon der Titel seines Buches über den westlichen Nachbarn – *Dojczland* – deutet mit seiner Orthographie seine Distanziertheit an. »Nach Deutschland kommen, das ist Psychoanalyse« heißt es in dem Reise-Essay, die Vergangenheit macht es einem unmöglich, sich dem Land zu stellen. Statt sich jedoch der Psychoanalyse hinzugeben, hantiert das literarische Alter Ego Stasiuks mit allen bekannten polnischen und deutschen Klischees. Er komme »nur wegen der Knete« her, sagt der Erzähler und legt seine Schutzmaske aus Ironie, Selbstironie und an jeder Ecke hervorgehobenem Alkoholkonsum nicht ab. Bei Stasiuks Lesungen protestieren nicht die Deutschen wegen der oberflächlichen und halbherzigen Betrachtung ihres Landes, es sind die in Deutschland lebenden Polen. Schließlich werden sie mit der Frage konfrontiert, ob ihre neue Heimat, ob der Westen wirklich so steril, ausgehöhlt und ordentlich sei, im Gegensatz zu dem so chaotischen, vitalen und emotionalen Osten. Und auch, inwieweit man überhaupt als Pole zu einer deutschen »Psychoanalyse« bereit sei und wie bewusst man hier lebe.

Stasiuk ist nicht der Einzige, der sich mit Deutschland schwertut; viele polnische Besucher lassen ihrer Distanziertheit zu diesem Land und ihrem Desinteresse freien Lauf und wappnen sich vor Deutschland-Reisen mit Sarkasmus oder gespielten Minderwertigkeitskomplexen. Nach Deutschland zum Spaß? Zum Leben? Niemals.

Ich jedenfalls setze jedes Mal nach meinen in Ostpolen verbrachten Ferien, die meistens unaufgeregt sind, erdig und grün, auf dem teuren und blank geputzten Pflaster von München mein deutsches Abenteuer fort. Ich versuche, hier zu überleben, wie andere in der Wildnis zu überleben versuchen, in dem sozialen und wirtschaftlichen Paradies, suche Seele und Leidenschaft in der angeblich so reibungslos und langweilig funktionierenden Struktur des deutschen Alltags, wie andere sie in den russischen Weiten suchen, fische bei den vermeintlich so rationalen Deutschen nach Humor und Lebenswitz, sonne mich in der Freundschaft von bekanntlich so mit sich selbst beschäftigten und unverbindlichen Westlern, bin Zeuge ihrer Ängste und Frustrationen, die zum Teil auch meine geworden sind. Ich ärgere mich über die Deutschen, und ich mag sie. Vor allem wegen ihrer Neugier, die mein Fremdsein in Deutschland attraktiv macht – und dank der ich auch von meinem Teil der Welt mehr erfahre: durch Autoren wie Wolfgang Büscher, der von Berlin über Polen nach Moskau »Eine Reise zu Fuß« unternahm, oder wie Karl Schlögel, der die Mitte Europas »ostwärts« sucht.

Mich beruhigt es jedes Mal, wenn wir uns Mühe geben, den anderen zu erforschen: die westlichen Reisenden im Osten und die Ostler im Westen. Oder wenn wir, genauso neugierig, den Norden und den Süden der Welt erkunden. Deswegen war der polnische Reporter Ryszard Kapuściński, der durch die ganze Welt reiste und über Äthiopien und den Iran zu einer Zeit berichtete, in der wir kaum in die DDR fahren konnten, mein Vorbild. Er war ein Meister der Beobachtung des Anderen, und bis heute ist seine Art, genau hinzusehen, wegweisend für die Reporter auf der ganzen Welt.

Dass Europa zerbröselt, wie Joschka Fischer sagt, will ich nicht glauben. Nicht jetzt, wo wir Polen endlich dazugehören, irgendwo westlich vom Osten und östlich vom Westen, irgendwo in der Nähe der sehnsüchtig Richtung lateinischen Süden und den immer noch mit Verwunderung Richtung Osten guckenden Deutschen. Die Mauer ist längst nicht mehr da, aber wir haben gerade erst angefangen, uns unsere Geschichten zu erzählen.

Die meiste Werbung, die in meiner elektronischen Post landet, betrifft Reisen. Mal als die typische, energisch aufmunternde Formel, wie »Nichts-wie-weg.de«, »Ab-in-die-Sonne.de« oder

»Flieg-jetzt.de«, mal als ausführlichere Aussage und Versprechen: »Glück ist eine Reise mit AIDA. 4 Tage Mittelmeer ab 299 Euro.« Polnische Zeitungen, die ich täglich gleich nach den E-Mails online lese, sind mittlerweile auch voll von Fotostrecken wie: »Die zehn schönsten Strände Griechenlands«, »Die zehn unbekanntesten Strände Europas«, »Die zehn besten Kanustrecken Polens«, »Die zehn geheimnisvollsten Burgen Englands«. Die Bilder schaue ich mir immer vom ersten bis zum letzten an und will immer gleich überallhin. Kanu fahren, am Strand liegen, über schöne Altstadtmärkte bummeln. Aber für mich gilt dieselbe Zeile von Wilhelm Busch wie für meine polnischen und deutschen Freunde: »Froh schlägt das Herz im Reisekittel, vorausgesetzt man hat die Mittel.«

Früher gehörten Reisen in ganz Europa zur Bildung dazu. Die junge Marion Dönhoff wurde nach dem Abitur auf eine Amerika-Reise geschickt: Auf Einladung einer Schulfreundin ging es zuerst nach New York, dann per Eisenbahn quer durch den ganzen Kontinent nach Kalifornien, mit einem luxuriösen privaten Waggon, der an den Umsteigebahnhöfen einfach an jeweils andere Züge gekoppelt wurde. »Zwei Schwarze« kochten für die Reisegesellschaft, es war eine unbekümmerte, spannende Zeit, erinnerte sich die junge Gräfin. Danach verweilte sie einige Monate in Afrika, wo sie unter anderem einen Leoparden erlegte. Jagen gehörte zu den ganz gewöhnlichen Dingen für junge Damen aus dem ostpreußischen Adel. Es passt zum Bild der späteren Herausgeberin der *Zeit*, dass sie jemand war, der sich in der Welt ein bisschen umgeschaut hat, auch wenn ihre exotischen Reisen keine typische Erfahrung ihrer Generation war.

Marion Dönhoff war neugierig, und Neugier ist das, was deutschen Zeitungen im Allgemeinen anzusehen ist. Nirgendwo sind die Außenpolitikteile so dick wie in deutschen Zeitungen. Aber ich kann mir vorstellen, dass die Weltoffenheit der Gräfin auch einer anderen Sehnsucht geschuldet war: der nach der verlorenen Heimat Ostpreußen. Polen und Deutschland teilen als einzige Nationen in Europa das Schicksal, 1945 »verschoben« worden zu sein. Innerhalb der veränderten Grenzen waren die Menschen gezwungen umzusiedeln. Beide Nationen mussten sich mit der Sehnsucht nach dem verlorenen Arkadien arrangieren, woraus in beiden Sprachen etliche bewegende Werke der Literatur entstanden. Dazu zählen nicht nur Erinnerungsbücher wie die von Marion Dönhoff oder Czesław Miłosz, dem polnischen Literaturnobelpreisträger, Dokumente der vergangenen Zeit und Bestandsaufnahmen des Verlustschmerzes, sondern auch Bücher jüngerer Generationen, wie von Hans-Ulrich Treichel oder Tomasz Różycki, die die Vergangenheit und die verlorene Heimat als Motive aufnehmen, um sich in Bildern voller poetischer Kraft der Gegenwart zu widmen.

Die Funktion der früher nur der reichen Oberschicht vorbehaltenen Auslandsreise übernimmt heute in Deutschland zum Teil das allen offenstehende Freiwillige Soziale Jahr. Die FSJ-ler bremsen ein Jahr lang ihr Lebenstempo und leisten auf dem Weg ins Erwachsenenleben ziemlich erwachsene Arbeit in Altersheimen, Kindergärten und anderen Einrichtungen. Das alleine hört sich für manche in Polen exotisch an, wo das Tempo des wirtschaftlichen Aufholens zum Westen gigantisch ist. Und geht es den polnischen Jugendlichen nicht schnell genug mit dem Geldverdienen, gehen sie ins Ausland, nach London etwa, um dort als Kellner, Grafiker, Bauarbeiter und Bankmanager zu arbeiten. Die deutschen FSJler dagegen arbeiten schwer für wenig Geld.

Ein Bestandteil der pädagogischen Betreuung des sozialen Jahres sind Auslandsseminare, die den Jugendlichen manchmal an recht schönen Orten angeboten werden, an der türkischen Riviera etwa oder in Italien. Doch dass Strandbesuche nicht der Kern des Aufenthalts sind, sondern hauptsächlich dazu dienen, durch tägliche Teilnahme am Leben der lokalen Gemeinschaften »sich selbst in der Fremde zu begegnen«, wird ihnen bei den Reisen schnell klar. In diesen seltsamen Ferien kommen die jungen Deutschen nicht – wie üblich – als »Touristen«, die in komfortablen Hotels untergebracht werden, sondern müssen – und das ohne Kenntnisse der örtlichen Sprache – viel selbst organisieren und in die Hand nehmen. In keinem Reisekatalog, keinem Zeitungsartikel und in keiner Werbung habe ich je so viel Positives über die Türkei erfahren wie in den Reiseberichten der jungen Deutschen, die ein solches Seminar absolviert haben.

Als Mitveranstalterin, ein geradezu kleines Rädchen eines solchen Seminars, verbrachte ich mit deutschen Jugendlichen einige Tage in Ostpolen. Dass nicht ausgerechnet mein Land ihr Traumziel war, hatten einige vor der Abreise unverhohlen geäußert. »Mich interessiert Polen nicht die Bohne!« Sie wären viel lieber wie die anderen in die Türkei oder nach Italien gefahren, irgendwohin, wo es warm ist und einen Strand gibt, an dem sie sich nach der schweren Arbeit in Deutschland neben der Seminararbeit hätten erholen können. Ich konnte ihren Frust verstehen, schließlich fallen mir auch spontan Länder ein, die nicht meine erste Wahl bei der Reiseplanung wären.

Doch bereits der erste Abend im maigrünen Warschau konnte die meisten mit der ganzen Polen-Geschichte einigermaßen versöhnen. Die Warschauer Clubs sind nicht erst seit gestern legendär, und sie spielen längst nicht nur ambitionierten Jazz, für den sie früher im ganzen Ostblock berühmt waren. Auch zeigte meine Hauptstadt sich an diesem lauen Abend am Weichselufer, im Univiertel und in der Altstadt von ihrer europäisch-verspielten Seite. Die Urlaubslaune war betont, als es dann am nächsten Morgen in den richtigen Osten ging, also den jenseits der Weichsel, fast schon nach Asien (wie die Links-der-Weichsel-Warschauer meinen, von Konrad Adenauer ganz zu schweigen, für den der Osten bereits hinter Magdeburg anfing). Aber dann regnete es zwei Wochen durch. Nicht jedes neunzehnjährige Gemüt war sofort für die Wildnis und die Einsamkeit zu gewinnen, für die der polnische Osten berühmt ist und die sich manche eher im fernen Kanada vorstellen und für die Ferien teuer erkaufen. Dann konnte es schon passieren, dass manch eine provokante oder knatschige Bemerkung über den Sinn der EU-Subventionen, zum Beispiel bei der Besichtigung eines Öko-Heizkellers im örtlichen Gymnasium, besonders arrogant ausfiel. (»Das zahlen alles wir!«)

Zum Glück funktionierte auch diesmal das in Polen gerne praktizierte Prinzip: Wenn du möchtest, dass Menschen zu deinen Freunden werden, füttere sie. In jenem kalten Mai in Ostpolen funktionierte das einwandfrei. Die Einladung bei einer Nachbarin zu einem gigantischen Rührei für zwanzig Personen und selbstgemachtem Kirschlikör am Lagerfeuer war ein guter Starter. Es öffneten sich langsam Mägen, Köpfe und Herzen. In der Gegend von Sobibór, dem deutschen Todeslager, dessen letzter überlebender Wächter vor Kurzem in München verurteilt wurde, hatten Begegnungen mit den alten Menschen einen besonderen Charakter – nicht zuletzt deshalb, weil es für viele die ersten Deutschen waren, die sie in ihrem Leben getroffen haben. Wie es sei, hier als Deutsche unterwegs zu sein, wie fühle man sich angenommen?, wollte die Seminarleiterin wissen. Ich habe nie darüber nachgedacht, wenn ich Freunde nach Polen mitgenommen habe. Sollte es für sie eine andere Reise gewesen sein als nach – sagen wir – Portugal? Hätte ich mit ihnen in Masuren, als wir im Wald Brombeeren fürs Frühstücksmüsli pflückten oder durch drei miteinander verbundene Seen mit einem heranziehenden Gewitter um die Wette ruderten, über ihr Deutsch-Sein sprechen sollen? Ich war ja ihre Polin in München und antwortete stets auf ihre Fragen zu allen slawischen Angelegenheiten. (Ich glaube, so ist die Idee unserer gemeinsamen Reise entstanden: aus meinem Überdruss, einfache Dinge kompliziert erklären zu müssen.) Aber musste ich in Polen Polin spielen und meine deutschen Freunde Deutsche spielen lassen?

Doch beim Seminar ging es bei den jungen Deutschen mit einem halben Dutzend unterschiedlicher Migrationshintergründe genau um ihr Deutsch-Sein, sie sollten »sich selbst in der Fremde erfahren«. Diese Fremde sollte ich ihnen mit meinen vorauseilenden Hilfestellungen nicht allzu schnell vertraut machen. Es war schwierig, sich mit Erklärungen, Anekdoten, Tipps und Geschichten zurückzuhalten. Ich war ja bei mir zu

Hause und bestens als Objekt der Feldforschung geeignet. Doch ich wollte ihnen mit meinem eingedeutschten Blickwinkel mein Polen nicht vorgekaut servieren, ihnen keine Brücken bauen. So habe ich auch niemandem verraten, dass es in den zwei Wochen auch für mich darum ging, mich selbst zu erfahren. Wo fühlte ich mich mittlerweile mehr fremd?

Es hat Spaß gemacht, meine Deutschen in meinem Polen zu begleiten. Mit ihnen das vegetarische Restaurant an einem von Gott und den Menschen vergessenen Ort zu besuchen, wo die eloquente Wirtin nur das kochte, was in ihrem Garten wuchs, und dabei, ohne ein Wort Deutsch zu sprechen, alle in ein lebhaftes Gespräch zu verwickeln vermochte. Es war bewegend, mit ihnen den alten Mann zu besuchen, der in seinem Haus mitten im Wald ein kleines Museum eingerichtet hatte, weil er die alten Sachen seiner Eltern und Großeltern nicht achtlos wegwerfen wollte, und so eine Ausstellung über die untergegangene Welt Polesiens zusammenstellte. Unter seinen Fundstücken hatte er auch ein Stück Stacheldraht aus dem Todeslager in Sobibór. Das alles zeigte er uns und fand genau die richtigen Worte für die jungen Deutschen – die ersten, die er in seinem ganzen Leben kennenlernte. Es war anders als sonst, mit ihnen durch das bekannte Städtchen Włodawa mit den alten Holzvillen, dem jüdischen Viertel und der alten Synagoge zu laufen. Es war seltsam, zusammen schweigend am Feuer zu sitzen, nachdem sie mit ihren klapprigen Leihfahrrädern das Museum in Sobibór besucht hatten. Es war lustig, als wir zusammen traditionelle ostpolnische Gerichte kochten. Ich staunte, wie gut diese jungen Menschen zurechtkamen und wie schnell sie immer mehr verstanden. Und auch, dass sie –

entgegen der neugierigen deutschen Natur – immer weniger fragten.

Und manchmal schämte ich mich auch ein bisschen. Zum Beispiel, als wir zum ersten Treffen mit den Jugendlichen aus dem Gymnasium im nahegelegenen Dorf zusammenkamen. Es regnete, wie immer in diesen Tagen, doch das geplante Fußballspiel mit anschließendem gemeinsamem Lagerfeuer wollten wir nicht verschieben – besseres Wetter war nicht in Sicht. Als die deutsche Mannschaft zusammengestellt wurde und auf dem Rasen auch einige barfüßige Mädchen aufliefen, war das Staunen auf polnischer Seite groß. In den Augen der einheimischen Jungs blitzte angesichts der teilweise weiblichen Mannschaftsaufstellung so etwas wie stille Irritation und der Verdacht auf, man würde womöglich nicht ernst genommen. Später dann, nach der Wasserschlacht, als man die komplett durchnässten Kleider am trotz Regen hoch lodernden Feuer zu trocknen und Witze über die Situation zu reißen versuchte, waren die Jungs recht still. Vielleicht lag ihre Schüchternheit daran, dass es keine gemeinsame Sprache gab, in der man sich verständigen konnte. Woran lag es aber, dass sie sich nicht für die Kunststücke begeistern konnten, die manche aus der deutschen FSJler-Gruppe meisterhaft beherrschten (es waren diejenigen, die in Deutschland täglich mit Kindern arbeiteten und die nach Polen eine ganze Kiste voll bunter Jonglier- und Zaubertricksachen mitgebracht hatten) und sie nun am Lagerfeuer vorführten, um das Eis zu brechen. Der Applaus fiel sehr verhalten aus. Ich bekam mit, wie die polnischen Jugendlichen sich halblaut untereinander beklagten, wie Kinder behandelt zu werden. Sie verstanden nicht, was die Deutschen hier veranstalteten. Als die am Stock gegrillte Wurst verspeist war, gab es nichts mehr zu tun. Und da es immer noch regnete, war der Bus nach Hause die Rettung. Und wenn mir heute die nicht ganz gelungene Begegnung etwas leidtut, dann nicht etwa wegen der mangelnden Spielfreude der Dorfjungs. Nicht deshalb, dass sie die Welt nicht für eine einzige Spielwiese für unseriöse, wohlstandsverwöhnte Teenager aus dem Westen halten, sondern eher deswegen, weil sie keine Anstrengung unternommen hatten, sich in der Situation mit uns, den Gästen, zu arrangieren.

Es ist kein Verdienst der jungen Deutschen, dass es in ihrer Welt zum Standard gehört, die Grenzen des eigenen Landes hinter sich zu lassen, vorausgesetzt, man hat einen Pass und ein bisschen Geld. In diesem Dorf am Rand der EU ist »Grenze« etwas Ernstes. Hier kennt man Geschichten von Flüchtlingen, für die diese Grenze ein Tor zum besseren Leben sein sollte. Man kennt die Geschichten von Menschenschmugglern und Abschiebungen. Diese Grenze hier ist fest und undurchlässig.

Wo aber fängt die Bereitschaft an, die Welt zu erforschen, Grenzen überschreiten zu wollen, wenn nicht in der Neugier auf den anderen und der kleinen Anstrengung, sich gegenseitig in Staunen zu versetzen oder wenigstens zusammen zu lachen?

»Du machst Witze«, sagt Paul, als ich die Rucksäcke für mein erstes Mutter-Tochter-Zeltwochenende packe. Ich versuche an alles zu denken. Die Zeiten haben sich geändert, die Zelte sind leichter geworden, und ich lebe in einem Wohlstandsland, schon gemerkt, aber man weiß ja nie.

Damals, Anfang der achtziger Jahre, als wir eine Großfamilientour durch Masuren unternahmen und jeden Abend in einem anderen der tausendundeinen masurischen Seen badeten, mussten meine Eltern alles mitnehmen. Auf eine Versorgung unterwegs konnte man nicht zählen. Das Fleisch wurde eingeweckt, die Butter landete in Schraubgläsern, wo man das kalte Wasser regelmäßig austauschte, die Gurken und Pflaumen aus unserem Schrebergarten fuhren in Kisten mit, sodass für Kinder, Hunde und Gitarren beinahe kein Platz mehr blieb. Nur Isomatten hatten wir keine, weil es damals noch keine gab. Mein Vater machte uns Betten aus den jeden Abend herausmontierten Autositzen. Bequemer habe ich nie wieder gezeltet.

»Was ist, wenn mir die Milch ausgeht?«

»Du machst Witze. Wir sind in Deutschland, und in Deutschland kannst du nicht verhungern. Man kann hier einkaufen gehen.«

»Aber nur manchmal; nicht immer«, dachte ich mir, sagte aber nichts, weil wir die Vor- und Nachteile der 24 Stunden geöffneten polnischen Geschäfte schon längst unter kapitalistischen, gewerkschaftlichen und arbeitsmoralischen Aspekten geklärt hatten. Als ich zum Studieren nach Deutschland kam, hungerte ich anfangs regelmäßig am Abend. Nicht, weil es mir gesund schien oder aus Sparsamkeit. Ich vergaß nur ständig, dass man sein Menü bis spätestens 18.30 Uhr zusammengestellt und die Zutaten besorgt haben musste.

Und natürlich würde es in der Nähe des Zeltplatzes einen wunderbaren kleinen Kiosk geben, mit allem, was zumindest Kinder zum Überleben brauchen. In Deutschland lerne ich langsam Gelassenheit. Und nehme sie immer nach Polen mit, muss sie hier aber niemandem mehr beibringen. Mein Land ändert sich so schnell. Die Zeiten sind eindeutig vorbei, wo man nur auf sich gestellt und mit allem ausgestattet, was man zwei Wochen lang vielleicht benötigen würde (inklusive Milch und Konserven), zum Wandern in die Berge aufbrach. Die polnische Gelassenheit nährt sich mittlerweile aus der Sicherheit, dass man überall und rund um die Uhr geöffnete Geschäfte findet. Vergessen die Zeiten, wo man »organisieren« statt »einkaufen« sagte. Meine polnische und tief verankerte Bereitschaft, immer alles zu organisieren, da man ja nie wissen könne, findet weder hier noch dort Verwendung. Meine Unentspanntheit diesbezüglich wird von meiner polnischen Familie bezeichnenderweise für eine deutsche Eigenschaft gehalten, von meiner deutschen aber für eine polnische. Bevor wir zum Zelten aufbrechen, packe ich noch eine weitere Tüte Milch und eine Dose Thunfisch ein. Für alle Fälle.

Kuckuck, Glucke, Pelikan – als polnische Mutter in Deutschland

Meine Mutter wäscht Manschetten
für die Berliner Hofkadetten

Als Ziehkind eines sozialistischen Landes genoss ich ein Leben voller Feiertage. Während ich mit meiner Grundschulklasse am Umzug des 1. Mai einigermaßen freudig teilnahm und die ganze zur Zeremonie erstarrte pseudo-politische Kundgebung hauptsächlich als Gelegenheit sah, meine neuen Sommerschuhe samt weißer Kniestrümpfe vorzuführen und anschließend ein Eis essen zu gehen (was gut für den Gruppenzusammenhalt und weniger gut für die frisch gebügelte Pionieruniform war), so gestaltete sich mein Verhältnis zu anderen internationalen Gedenktagen fast schon enthusiastisch. Die Feier zum Jahrestag der Oktoberrevolution etwa war wie geschaffen, um im Gymnasium dem Beispiel älterer Schulkameraden folgend am Unterbau des Systems zu sägen. Wir boykottierten die Veranstaltung in der Turnhalle aber nicht etwa, indem wir ihr fernblieben, sondern dadurch, dass wir sie dazu nutzten, Hausaufgaben abzuschreiben oder ein Nickerchen zu machen, ohne dem »künstlerischen Teil« auf der Bühne größere Aufmerksamkeit zu schenken. Am Weltfrauentag wiederum gab es für uns Blumen von den männlichen Klassenkameraden und Sketche aus eigener Produktion, bevorzugt in der Mathestunde.

Und es gab den Muttertag, für den ich als Kind gerne Geschenke bastelte, sowie den Lehrertag, den Feiertag der Berufsgruppe meiner Mutter, an dem sie uns immer ein Eis spendierte. Geschenke von beiden Eltern gab es am Weltkindertag. Wenn ich heute darüber erzähle, bekomme ich in Deutschland häufig Fragen zu hören wie: »Sollte man Frauen/Mütter/Kinder/Schornsteinfeger nicht immer respektieren?« Ich kann darauf nur erwidern: Natürlich soll man. Streng genommen ist Kind-Sein genauso wenig ein Verdienst wie Frau-Sein. Aber wozu hat die Menschheit Feiertage dann überhaupt erfunden?

Manch einer Tradition sozialistischer Prägung begegneten wir ohne viel Verständnis, dafür mit Humor. Andere haben nach Zeiten der Instrumentalisierung und der leeren Formen zu ihren Wurzeln zurückgefunden. Am 8. März finden in vielen polnischen Städten heute wieder Demonstrationen statt, um auf die Rechte der Frauen, aber auch die der sogenannten Transformationsverlierer und der Diskriminierten aufmerksam zu machen, ganz im Sinne der Sozialistin Clara Zetkin, die den Frauentag 1910 durchgesetzt hat. Im sozialistischen Polen wurden an diesem Tag die Arbeiterinnen in Fabriken und Büros mit einem Strauß Nelken beschenkt (eine seitdem zu Unrecht verpönte Blume). Und weil es gut zu diesem Tag passte, den von Mangelwirtschaft und der ewigen Jagd nach Ware geplagten polnischen Frauen etwas zu schenken, was sie als Luxusware empfanden, bekamen sie ein Päckchen echten Kaffee, ein schönes Handtuch oder eine Nylonstrumpfhose. Dazu der obligatorische galante Handkuss.

Heute, nachdem der Sozialismus verabschiedet wurde und Strümpfe italienischer Marken ohne Mühe zu bekommen sind, von Kaffee ganz zu schweigen, gehen viele polnische Frauen zu echten Kundgebungen, um auf Missstände hinzuweisen. Das institutionell verordnete Feiern der sozialistischen Epoche (»Eine Blume für unsere hübschen Damen!«) ist dem politischen Engagement in kapitalistischer Zeit gewichen – wenn das nicht eine Ironie der Geschichte ist. Und wäre der Valentinstag nicht zusammen mit der Demokratisierung meines Landes zu uns gekommen, hätte der Frauentag, wie in den Jahrzehnten davor, weiter die Funktion des »Tages der Verliebten« gehabt.

Seit ich in Deutschland lebe, vermisse ich den Weltfrauentag. Höchstens höre ich von »Frauenabenden« – so nennt ein Fernsehsender Doppelfolgen beliebter Serien, die Frauen vermeintlich am liebsten mit ihren Freundinnen sehen und die das ganze Jahr hindurch einmal wöchentlich ausgestrahlt werden. Eine bekannte deutsche Feuilletonistin wiederum ermunterte ihre Leserinnen in einem Online-Beitrag zum Frauentag, so zu sein wie die Männer: rücksichtslos und selbstbewusst, und nicht auf das Fest hereinzufallen, welches doch von der

NSDAP eingeführt worden sei. Zu meiner Beruhigung stellte im Diskussionsforum sofort jemand die Sache richtig: Die Nazis hätten den Frauentag nicht eingeführt. Stimmt, denke ich, höchstens vereinnahmt, wie vieles andere, aber dann lese ich weiter: Sie hätten den Muttertag eingeführt. Zufällig auch den polnischen, der bei uns seit 1914 und bei den Griechen und Römern sogar etliche Jahrhunderte länger begangen wird? Und den amerikanischen gleich mit dazu? Die Nazi-Geschichte ist leicht zu überprüfen, doch ich höre Jahr für Jahr diese Begründung für die Abneigung vieler Deutscher gegen diesen Feiertag, welchen gleichwohl die meisten Muttertag-Kritiker brav mit ihren Müttern verbringen. Beliebt ist auch das Argument der Kommerzialisierung und die Geschichte mit den Blumenhändlern, die nur bei der Bevölkerung abkassieren wollen. Anscheinend gehört dieser Feiertag in Deutschland mit rationalen Erklärungen ordentlich entfremdet, bevor man ihn dann doch zelebriert.

Es wird geschichtliche Gründe haben, warum Deutsche den nach ihrem Empfinden aufgezwungenen Feiertagen – allen voran dem Muttertag – mit so großem Vorbehalt begegnen. Vor allem die Skepsis, die unter den Frauen der ersten Nachkriegsgeneration herrschte, kann ich gut nachvollziehen. 1933 wurden Frauen aus dem öffentlichen Leben verdrängt, dafür wurde ihre Reduzierung auf Heim und Kinder 1938 »belohnt«: durch Einführung des »Ehrenkreuzes der Deutschen Mutter«.

Jedenfalls bekomme ich als in Deutschland lebende polnische Mutter eines deutschen Kindes den Muttertagskuchen zweimal im Jahr: nach deutschem Ritus am zweiten Sonntag im Mai und wie in Polen am 26. Mai. Es wäre ein leichtsinniges

Opfer, würde ich auf einen der Kuchen verzichten, wenn ich schon die Oktoberrevolution als eine kleine Party gefeiert habe.

Die Polinnen haben keinen Grund, dem Feiertag zu misstrauen, in Polen fügte er sich perfekt in den seit jeher lebendigen Kult der »Mutter-Polin«. Der Mythos der Mutter, die sich und ihre Bedürfnisse zum Wohle des Kindes zurücknimmt, ist ebenso historisch begründet. Die *Matka-Polka* (Mutter-Polin) ist ein Phänomen, das in anderen Kulturen keine Entsprechung hat. Während in der komplizierten Geschichte Polens ganze Generationen von Männern ihr Leben dem Kampf für die Freiheit opferten, an die Front, im Aufstand, ins Gefängnis oder in der Verbannung verschwanden, blieben die Frauen mit den Kindern allein zu Hause und übernahmen den Haushalt und die Geschäfte. Außerdem waren sie für die patriotische Erziehung zuständig, was für den Fortbestand der polnischen Kultur, Tradition, Sprache und Identität in einer Nation ohne eigenen Staat unentbehrlich war. Privates Glück ohne ein freies Polen war undenkbar, und dem Vaterland (*ojczyzna*) wurde alles andere untergeordnet. Auch in der jüngsten Geschichte hatten die Frauen im Hintergrund zu agieren, als Verpflegerinnen und verständnisvolle Partnerinnen. Die Männer der Danziger Werft, wo die Forderung nach der Wiedereinstellung einer entlassenen Frau die alles entscheidenden Streiks auslöste und damit den Systemwandel herbeiführte, hängten ein Spruchband auf: »Frauen, stört uns nicht. Wir kämpfen um Polen.« Die Frauen hatten Essen zu kochen und ihre Männer zu unterstützen, auch wenn sie die tatsächliche Triebkraft wichtiger Veränderungen waren.

Die Versorgung der Familie in den wirtschaftlich mehr als schwierigen Zeiten war eine Kreativleistung und ein Kraftakt und spiegelte in den achtziger Jahren das Heldentum der polnischen Mütter während der nationalen Aufstände des 19. Jahrhunderts. Die wirtschaftliche Notlage machte die Mutter-Polin zu einer ewig tapferen und überspannten Heldin, die ihre Abwesenheit im öffentlichen Leben auf häuslichem Terrain kompensierte. Die heutigen Feministinnen sprechen von dieser Mutterrolle mit liebevoller Ironie; die Philosophin Sławomira Walczewska prägte den Begriff »gastronomische Mutter«. Bis heute hält die gastronomische Mutter die Stellung, auch wenn sie ihre Einkäufe nicht mehr erobern, sondern einfach nur besorgen muss.

Die französische Philosophin und Feministin Elisabeth Badinter beobachtet eine sich in Frankreich zunehmend verbreitende »neue Mütterlichkeit« und stellt fest, diese greife in Deutschland sogar noch stärker um sich. Die Frauen im Westen würden neuerdings ihr Berufs- und Privatleben der Kindererziehung vollständig unterordnen und sich ganz altmodisch – zugleich modern, weil ökologisch-bewusst – ausschließlich in der Mutterrolle verwirklichen. Damit spielten sie dem Patriarchat (wieder) in die Hände, da sie Errungenschaften der Frauenbewegung freiwillig über Bord würfen und die alten, voremanzipatorischen Zustände in Form von »Kinder, (Öko-)Küche, Kuschelecke« restaurierten.

In Polen aber war das, was die Philosophin »neue Mütterlichkeit« nennt, seit jeher ein Teil des Muttermodells; die »gastronomische Mutter« wachte immer pflichtbewusst über das Wohl der Familie, selbst wenn sie nach dem Job zur Frauendemo eilte. Diese Doppelbelastung ist für die Mutter-Polin täglich Brot. Wenn polnische »neue Mütter« heute zum »alten Zustand« zurückkehren wollen, so meinen sie die Verhältnisse vor 1989, in denen sie vom Staat in einem Ausmaß Unterstützung erhielten, nach dem sich Frauen im Westen nur sehnen konnten. Unser »alter Zustand« entspricht in vielen Aspekten dem, was Frauen im Westen lange anstrebten (und, so Badinter, jetzt freiwillig verwerfen). Nach der Wende in Polen führte die neoliberalistische, in Wirklichkeit sehr konservative und auf das Patriarchat ausgerichtete Politik zu einer neuen Situation, in der wir den Standards der europäischen Geschlechterpolitik wieder hinterherhinkten.

So zerreißen sich heutige Polinnen in dem Spagat, moderne Lebensentwürfe zu verwirklichen, und sind zugleich immer noch dort, wo die westlichen »neuen Mütter« heute – zur Bestürzung von Feministinnen wie Badinter – wieder hinkommen wollen.

Ich habe absolut nichts dagegen, mir den Frauen- oder gar den Muttertag selbst zu organisieren, am liebsten gemeinsam mit anderen Frauen. Den letzten Muttertag feierte ich mit meiner deutsch-französischen Freundin und ihrer ganz deutschen Nichte, was zusammen mit meiner viertel-deutschen, viertel-persischen Tochter und mir, der polnischen Migrantin mit deutschem Hintergrund, einen redlich internationalen Muttertag ergab. Wir liehen uns für den gemütlichen Sofa-Abend einen amerikanischen Film mit dem bezeichnenden Titel *Working Mum* aus. Über unseren einige Stunden zuvor gemeinsam gebackenen Apfelkuchen hinweg schmunzelten wir besonders über eine Szene: Sarah Jessica Parker in der Rolle der adretten Mum, die nicht nur in der Arbeit alles gibt, sondern auch als Mutter perfekt sein möchte, kauft in einer exquisiten New Yorker Konditorei einen wunderbar glänzenden Apple Pie und versetzt ihm, zu Hause in der Vorstadt angekommen, durch die Pappschachtel hindurch einen kräftigen Faustschlag. Während sie ihn anschließend mit Puderzucker bestäubt, erklärt sie dem verdutzten Ehemann, der Kuchen müsse selbstgemacht aussehen, sonst erlebe sie unangenehme Bemerkungen der anderen Mums, die zum schulischen Kuchenbasar am nächsten Tag selbstverständlich eigenhändig gebackene Torten und Hörnchen mitbringen würden.

Bei der kurz darauf folgenden Lektüre des Aufsatzes »Rabenmutter« von Thea Dorn schmunzelte ich ein zweites Mal. Auch sie ist überzeugt, dass ein gekaufter statt selbstgemachter Kuchen im Schulranzen eines Kindes für ein »Ankrächzen« von anderen Mamis am Schultor sorge, die grundsätzlich besser wissen, wie man alles richtig macht. Ich habe dem bis jetzt entgehen können: Im Kuchen- und Keksebacken, dieser so deutschen Angelegenheit, sehe ich eine echte sportliche Herausforderung, der ich mich gelegentlich sogar mit Vergnügen stelle (auch wenn meine Kuchen eher wie die von Sarah Jessica Parker aussehen, ohne dass ich sie extra verunstalten muss). Dafür musste ich mich schon mal auf einem Spielplatz für eine andere Entscheidung rechtfertigen. Eine Mutter, die ich gerade erst kennengelernt hatte, teilte mir unverblümt ihre Auffassung mit, wie schädlich Schulhorte im Grunde seien und welche psychischen Defizite ich bei meiner Tochter verursache, wenn ich sie der allmittäglichen Betreuung in der Wärme eines

Zuhauses beraube. Bis dahin hatte ich die unerschütterliche Gewissheit, dass es meinem Kind im Hort mit einem parkartigen Garten, sehr vielen Freiheiten, einem leckeren Mittagessen, liebevollen Betreuern und besonders im Kreis ihrer Freunde gut gehe. Auch deswegen, weil ich meinen Arbeitstag so um einige Stunden verlängern und dafür am Nachmittag ganz Mama sein konnte.

Manche meiner deutschen Freunde nennen die ständige Bereitschaft, andere zu belehren, speziell deutsch; die Deutschen wären »Besserwisser« und »Oberlehrer«. Allerdings würde ich meine Hand nicht dafür ins Feuer legen, dass mir eine entsprechende Bemerkung nicht auch auf einem polnischen Spielplatz entgegengeschleudert worden wäre. Manche Dinge kann man gar nicht richtig machen, da man für sie auf beiden Seiten der Oder gleichermaßen kritisiert wird: Stillt man ein Kind ab, das schon längst jenseits des Säuglingsalters ist, wird man in Deutschland unumwunden gefragt, warum es denn so lange gedauert habe und ob es gut fürs Kind sei, in Polen gibt man derselben Mutter zu verstehen, dass sie viel zu früh aufgebe. Es kann einem auch genau das Umgekehrte passieren, heute geraten solche Dinge oft durcheinander, da sich das Ideal der Mütterlichkeit in beiden Ländern gerade wandelt.

Im Polnischen wird die Frau, die ihr Kind gerne anderen überlässt, übrigens »Kuckucksmutter« genannt, was wohl der deutschen »Rabenmutter« entspricht. Beides ist jedenfalls das Gegenteil dessen, was Elisabeth Badinter eine »Pelikanmutter« nennt: die Vertreterin der neuen, post-feministischen Mutter, die für das Kind, den kleinen Herrscher über ihr Leben, jedes Opfer bringt – gemäß dem alten Glauben, der Pelikan füttere seinen Nachwuchs mit dem eigenen Blut. Ich bin die hysterisch auf ihre Arbeitszeiten achtende Rabenmutter, die sich manchmal in ihrem Arbeitszimmer wie in einer Trutzburg verbarrikadiert und Haushaltgeräusche sowie »Mama«-Rufe ignoriert, und gleichzeitig bin ich die Pelikanmutter oder, um bei der mitteleuropäischen Symbolik zu bleiben, die auf Verschwendung der eigenen Zeit programmierte Glucke, die jeden Tag bei dem Versuch scheitert, Harmonie und Gleichgewicht zwischen den beiden Rollen herzustellen, auch weil ihr die Geduld einer Glucke fehlt.

Die deutsche Literaturwissenschaftlerin Barbara Vinken stellt in ihrem Essay über Elisabeth Badinters *Konflikt. Die Frau und Mutter* fest: »Die ›gute Mutter‹, die weder eine ›hysterische Heilige‹ noch verruchtes ›Weltweib‹ ist, ist denn auch bis heute ein Produkt der Länder, die evangelisch geprägt waren.« Das fürchte ich ebenfalls. Als Produkt eines nicht nur sozialistisch, sondern auch katholisch geprägten Staates, als halbe Mutter-Polin mit Weltweib-Ehrgeiz musste ich erst mühsam die Mechanismen erlernen, die mir helfen würden, meine Freiheit als (arbeitende) Frau zu schützen. Am Anfang schien es ein Kinderspiel; zu allen Themen rund um Kind und Familie existieren in Deutschland tausendfach Ratgeber: zum Stillen, zum Abstillen, zum Anfertigen von Zwiebelwickeln, für Ausflüge in die Berge und an die Seen, wie man Geburtstage richtig feiert, zum Basteln, Kochen für das Kind und Kochen mit dem Kind, auch zum Schlafen.

Vor ein paar Jahren sorgte das Buch *Jedes Kind kann schlafen lernen* für großes Aufsehen. Ich erinnere mich an enthusiastische Berichte erleichterter Eltern in Deutschland und an eher kritische Stimmen aus Polen. Auch ich habe es ausgeliehen, wobei ich einen Impuls unterdrücken musste, es von vornherein lächerlich zu finden: Erwachsene sollen einem Kind das Einschlafen beibringen! Aber auch ich brauchte die paar Stündchen am Abend für mich, und ein recht waches, abends besonders gut gelauntes kleines Kind stand dem oft im Wege. Von Experimentiergeist geleitet, probierten wir eines Abends den kühnen Ratschlag des Ratgebers aus, das Kind nach dem Gute-Nacht-Ritual einfach alleine im Kinderzimmer zu lassen. Das Geschrei des von allen verlassenen, überraschten und todunglücklichen Kindes schlug tiefe Wunden in die auf dem Wohnzimmersofa zusammengekrümmte Mutter. Das Experiment wurde abgebrochen, und das Kind schlief weiterhin mit Vorlesen, Vorsingen und Händchenhalten und nicht selten zusammen mit der Betreuerin ein. »Sie hat dich ganz schön an der Leine«, kommentierte eine Freundin, die solche Probleme nie hatte. Ach, ich konnte das einfach nicht. In anderen Kulturen schlafen Kinder ein, wenn sie einschlafen, sagte ich mir, während einer Familienfeier auf dem Sofa, bei einer Tafelrunde auf dem Schoß eines Erwachsenen oder aus Übermüdung während des Spielens auf dem Teppichboden.

Aber im Unterschied zur deutschen Tradition gibt es Kulturen, in denen sich nicht nur die Eltern für das Kind zuständig fühlen. »Um ein Kind zu erziehen, braucht es ein ganzes Dorf« – diese afrikanische Weisheit wird zwar gerne in Deutschland zitiert, aber nicht unbedingt praktiziert. Nun, ich habe kein ganzes Dorf hinter mir, kein polnisches und kein deutsches, nicht einmal meine Eltern sind in der Nähe, die mit Freuden engagierte Großeltern geben würden. Ich wäre gelegentlich gerne eine kleine Rabenmutter gewesen, die sich abends fein macht und ein gesellschaftliches Leben hat. Mangels Großfamilie und auch mangels Coolness, das Kind von Fremden betreuen zu lassen, kehrte ich stattdessen meine Glucken-Natur heraus. Zuerst die Mutter, dann die (arbeitende) Frau, und, wenn ich vor lauter Schlafritualen selber eingenickt war, eine ausgeschlafene dazu.

Das Buch über das Einschlafen, das ich mehr oder weniger ungelesen in die Bibliothek zurückbrachte, erntete nach einer Welle der Begeisterung schließlich sehr viel Kritik. Das Kind sei keine Maschine, die man abstellt, die Methode (das weinende Kind alleine im dunklen Zimmer und sich selbst beruhigen zu lassen) erinnere an übelste Praktiken aus düsteren Zeiten und so weiter. Aufgebrachte Mütter meldeten sich, die die Methode für unangebracht und das Buch für schädlich hielten, und sammelten Unterschriften für einen Protest. Was aber sollte passieren, wenn sie die angestrebten 5000 Unterschriften beisammen hätten? Müsste der Verlag ein neues Buch mit angenehmeren Tipps herausbringen? Oder Erfahrungsberichte, die bewiesen, dass sich die Autoren irrten? Sollte man das Buch nicht einfach ignorieren? Die Härte der Einschlafmethode kann man kritisieren. Doch beinahe die gleiche Härte – immerhin eine preußische Tugend – legen ihre Gegnerinnen an den Tag. Dieser Kampfgeist fehlt mir, ich bin lieber eine Glucke.

Deutsche Mütter kennenzulernen, teils persönlich, teils über die Lektüre, war ein Leitfaden meiner Ergründung der deutschen Beschaffenheit. Ist es ein Zufall, dass der erste deutsche Autor, für den ich die sprachliche Verantwortung im Polnischen übernahm, der hier mehrfach zitierte Hans-Ulrich Treichel war, der mit *Der Verlorene* ein Buch über das Nachkriegsdeutschland, die Stunde null der deutschen Familie geschrieben hat? Die Mutter des Protagonisten verlor auf der Flucht aus Ostpreußen 1945 ihr Baby, den Erstgeborenen. Jahre später stellt sich heraus, dass der verloren geglaubte Sohn möglicherweise noch lebt, und die Eltern begeben sich auf die Suche nach ihm. Der Nachkriegssohn, das Kind des Wohlstands, das mit dem Gefühl der Scham und der Schuld der Eltern aufwächst und vor allem emotional gänzlich vernachlässigt wird, ist Zeuge der zunächst erfolglosen Suche. Die Mutter weint des Öfteren im Stillen oder sitzt bewegungslos da. »Manchmal geschah es, dass sie die Arme nach mir streckte, mich an sich drückte, meinen Kopf mit ihren Händen bedeckte und fest an ihren Bauch drückte. [...] Aber ich wollte nicht in den Bauch der Mutter hineingedrückt werden. Früher hatte mich die Mutter nie gedrückt, und jetzt wollte ich nicht mehr gedrückt werden, ich kam sehr gut zurecht, ohne gedrückt zu werden.«

Die Generation der Mütter meiner deutschen Freunde waren die Kinder, die in der Kriegs- und Nachkriegszeit aufgewachsen sind. Unsere Generation ist durch die Erlebnisse unserer Eltern mit ihren Eltern beinahe unmittelbar vom Zweiten Weltkrieg tangiert. Die Realität beider Länder war von Verlust – es gibt kaum Familien, die keine Angehörigen im Krieg verloren haben – und Wiederaufbau gekennzeichnet. Bei allen Unterschieden verbrachten unsere Mütter und Väter ihre Kindheit nicht selten in zertrümmerten Städten und waren zum großen Teil sich selbst überlassen, da die Erwachsenen mit dem Neuaufbau einer Existenz beschäftigt waren. Unsere toughen Omas haben toughe Töchter erzogen. Wenn wir heute unsere deutschen und polnischen Kinder verwöhnen, egal nach welcher Vogelart und ob protestantischer Prägung oder nicht, so wollen wir einfach nur gute Mütter sein.

Kannte ich in der sozialistischen Wirklichkeit kaum Kinder, die ohne einen um den Hals gehängten Hausschlüssel in die Schule gingen, da unsere Mütter selbstverständlich beruflich tätig waren, so ist die polnische Gleichberechtigung nach dem Zusammenbruch des kommunistischen Systems ins Stocken geraten. Meine erste Demo, auf die ich als Studentin gegangen bin, galt der geplanten Änderung des liberalen Gesetzes zur Geburtenkontrolle. Die Beschneidung der Frauenrechte war im freien Polen das Erste, was die neuen Behörden einführen wollten, die ja nun nicht mehr abstrakte »sie«, sondern aus der Mitte der Gesellschaft demokratisch gewählte Vertreter waren. Dieses Thema ist bis heute für die Frauenbewegung konstituierend. Trotz eines der restriktivsten Gesetze zum Schwangerschaftsabbruch in Europa hat Polen eine der niedrigsten Geburtenraten des Kontinents. Wie Bożena Chołuj, Professorin für Germanistik und Gender Studies, bemerkt, wollten polnische Frauen nicht nur an die Errungenschaften der westlichen Frauenpolitik anknüpfen, sondern mussten gleichzeitig um das kämpfen, was vor 1989 Realität war: das Recht auf Selbstbestimmung in Sachen Abtreibung, ein Anspruch auf Kinderbetreuungsstätten, das Recht auf die Rückkehr an den Arbeitsplatz nach dem Mutterschaftsurlaub.

Mangelnde Kindergartenplätze sind keine polnische Spezialität. Auch im Land der Kindergartenerfinder ist dies ein massives Problem. Doch im Gegensatz zu Deutschland hat Polen eine einwandfrei funktionierende Institution: die Oma. Die Mutter der Mutter oder des Vaters sieht es üblicherweise als ihre natürliche Aufgabe an, den jungen Eltern unter die Arme zu greifen. Die sich aufopfernde Oma als Verlängerung der Mutter-Polin. Soziologen sprechen davon, dass Familienbindungen in Polen stärker seien als in Deutschland. Wie schon früher bewahrheitet sich hier die Regel: je schwächer der Staat, desto stärker der gesellschaftliche Zusammenhalt und die Solidarität; besonders unter den Frauen. In funktionierenden Ländern muss die Großmutter nicht als Ersatz-Kindereinrichtung fungieren. Die Frage ist allerdings, ob eine polnische Oma darauf verzichten möchte.

Im Gespräch von Helmut Schmidt und Fritz Stern, festgehalten im Buch *Unser Jahrhundert*, fällt inmitten von brillanten historischen und politischen Analysen zu Deutschland und der Welt der schlichte Satz: »Was uns fehlt, ist die Großmutter!« Zitiert wird ein italienischer Politiker, aber beide Gesprächspartner, der Deutsche und der Amerikaner, stimmen ihm zu, auch sie sind der Meinung, dass Tradition »ein wichtiges Element der Stabilität eines Staates« ist. Die gesellschaftlichen Traditionen waren 1945 zerbrochen. Außer einigen Traditionen in der Kunst, sagen Schmidt und Stern, sei nicht mehr viel geblieben. Ich denke oft an meine Großmutter, die zwar keine Italienerin war, aber das verkörperte, was man für gewöhnlich mit dem bekannten Klischee der »italienischen Großmutter« verbindet. Die malerische und daher oft als Symbol der italienischen Lebensart verwendete Familientafel könnte in ihrem Wohnzimmer stehen – bei ihr gab es das gleiche Kindergewusel, die gleichen großen, dampfenden Servier-platten, die gleichen lauten Gespräche, weil alle durcheinander-reden, und Großmutters Sorge, ob alle genug auf dem Teller hätten und das Essen auch wirklich schmecke. Der Großzügig-keit meiner Großmutter bei den Leckerbissen entsprach ihre Großzügigkeit in Aufmerksamkeit, Zärtlichkeit und Humor. Sie betreute ihre Enkelkinder, so oft sie konnte, sie nähte, flick-te und bespaßte sie. Sie liebte es, gebraucht zu werden.

Das Modell »Oma kümmert sich um die Kinder, damit die Eltern Geld verdienen können« ersetzt die Aufgabe des Staates, aber es ist für die *babcias* eine Ehrensache, die Kinder zu un-terstützen. Polnische Omas unternehmen nicht allzu oft exoti-sche Reisen, überwintern nie auf warmen Inseln und Zeit fürs Kino, Bridge-spielen oder Nordic Walking nehmen sie sich erst, nachdem sie die Hausaufgaben ihrer Enkel betreut haben. Typische polnische Omas machen ihre Termine davon abhän-gig, ob die Enkelkinder sie brauchen – und das tun sie fast im-mer. Doch die große emotionale Nähe, die daraus entsteht, dass man so viel Zeit miteinander verbringt, und die umge-kehrt Voraussetzung für solch ein Lebensmodell ist, hat ihren Preis. Es ist nicht immer einfach, das richtige Maß an Abhän-gigkeit und Distanz zu finden.

Man könnte sagen: ist doch schön. Wir, die Polen, sind so familienfreundlich im Gegensatz zu den kühlen, pragmati-schen Deutschen, die alles verinstitutionalisieren. Aber Sozio-logen merken an, welche Konsequenzen sich daraus bei der Entwicklung einer bestimmten Art von sozialen Beziehungen ergeben. Die Polen sind klassische »Bindungskapital«-Spezia-listen (»bonding social capital«), entwickeln also starke Bindungen innerhalb von Familien, geschlossenen Gruppen oder Glaubensgemeinschaften. Wir sind, gleich nach den afrikanischen und arabischen Staaten, Weltspitze, wenn es um Fragen geht, wie wichtig die Familie ist, wie sehr man bereit ist, sich für die eigenen Kinder zu opfern und die Eltern bedingungslos zu unterstützen. Während zum Beispiel in Skandinavien die Antworten auf die letzten beiden Fragen ungefähr halbe-halbe ausfallen, würden beinahe alle Polen darauf eindeutig mit Ja antworten.

Die Kehrseite dieser einzigartigen Einstellung ist unser Verhältnis zur Gesellschaft. Soziologen sind nicht überrascht, dass das soziale Vertrauen in postkommunistischen Ländern – aber auch im Süden Europas – nicht besonders groß ist. »Man kann nie vorsichtig genug sein« – ein beliebter polnischer Spruch.

Was man im Deutschen als »Netzwerken« kennt, nennen Soziologen Bauen von »sozialem Brückenkapital« (»bridging social capital«). Polen, für die der Widerstand gegen den Staat und seine Verwaltung zu den patriotischen Pflichten gehörte – während der Teilungen Polens zwischen 1795 und 1918 und unter der deutschen Besatzung im Zweiten Weltkrieg waren die Behörden fremde Mächte –, müssen das soziale Vertrauen, das Vertrauen in staatliche Institutionen erst erlernen. Dass sie in Krisensituationen zusammenhalten können, bewiesen sie in der Geschichte nicht nur einmal. Zuletzt mit dem vielleicht schönsten Beispiel an »Brückenkompetenz«: der Bürgerbewegung »Solidarność« – Solidarität. Ziviler Ungehorsam, Mut und die romantische Veranlagung, für Ideale einzustehen, führten zum Systemumsturz. Diese Eigenschaften sind alles Produkte der patriotischen Erziehung einer »Mutter-Po-lin«.

Warum also werden heute Polen von den eigenen Soziolo-gen als diejenigen eingestuft, die am wenigsten zum Engage-ment für die Gemeinschaft bereit sind? Als diejenigen, die sich mehr denn je auf konservative Werte besinnen? Polen und Griechen, besagen die soziologischen Untersuchungen, seien die am wenigsten geselligen Menschen. Kann das denn stim-men? Jeder, der schon mal bei einer polnischen Hochzeit mit-gefeiert oder in einer griechischen Taverne gesessen hat, wird dies erst einmal ungläubig verneinen. Soziologen aber bringen das Argument der starken Familienstrukturen, die das soziale Vertrauen quasi ersetzen. Am meisten gesellschaftlich seien die Skandinavier. Auch sei der Hang zum Vereinsleben, so ty-pisch für Deutschland, eine dem Protestantischen entsprin-gende, eine – na ja – westliche Angelegenheit.

War Oppositionsarbeit in der Zeit des Sozialismus eine Form der Geselligkeit, die mit dem Gefühl einherging, ge-meinsam mit Freunden und Gleichgesinnten gegen einen klar abgegrenzten Feind das Richtige zu tun, so scheinen die Polen heute deutlich weniger ein Bedürfnis nach Gemeinschaft zu haben. Doch die raubtierkapitalistische Zeit, in der ein mög-lichst westlicher Lebensstil und -standard angestrebt wurde und in der sich die Aktivitäten der Bürger nicht selten im Ab-zahlen der nächsten Kreditrate erschöpften, scheint vorüber-zugehen. Heute ist selbstausbeuterisches Geldverdienen in ei-ner »Company« nicht mehr schick, höchstens notwendig. Auch polnische Yuppies schalten ihre Handys und Notebooks am Wochenende aus und fahren zu ihren Landhäuschen zum

Holzhacken. Die anderen versuchen, sich über Wasser zu halten, zum Beispiel mit Jobs in den Tag und Nacht geöffneten polnischen Supermärkten. Für Vereinsmeierei haben weder die einen noch die anderen Zeit.

Ich übersetze Axel Hackes »Wurst« betitelte Kurzgeschichte. Die Sprache des Autors fließt und funkelt, sie lässt sich hervorragend in meine Sprache übertragen, bis ich auf den Ausdruck »Elterninitiative« stoße. Wie heißt das nur auf Polnisch? Ich recherchiere und frage herum. Am Ende schustere ich etwas zusammen und kann sogar die Ironie retten:

»Luis besuchte vormittags eine Kindergruppe, betrieben von einer Elterninitiative. Alle vier Wochen gab es einen Elternabend, bisschen oft, dachte ich, sagte aber nichts. Nicht selten dauerte der Elternabend bis nachts um eins, bisschen spät, dachte ich, sagte aber nichts. Sind eben initiative Eltern, dachte ich, initiativer als ich.«

Der besonders in Deutschland stark auflebende Mythos der »neuen Mütterlichkeit«, der gesunden Kleinfamilie, in der sich die Mutter – nicht unähnlich der »Mutter-Polin« oder auch der polnischen »gastronomischen Mutter« – um alles kümmert, und die allein gegen die kalte Welt bestehen kann, bevorzugt in einem Haus mit Garten in einer Vorstadt, beschäftigt neuerdings westliche Feministinnen. Elisabeth Bronfen, die Rezensentin von Barbara Vinkens Buch *Die deutsche Mutter*, überlegt, warum sich viele junge Frauen im Westen freiwillig zurückziehen, um ein herkömmliches Mutterdasein zu leben, bei dem die Frau »das private Glück der Mutterschaft als Entschädigung für den Verlust von Erwerbstätigkeit und Macht im öffentlichen Raum« wählt. Flüchten die Mamis unter Berufung auf »die Natur« vor anderen Herausforderungen? Oder, in der Formulierung von Thea Dorn: Sind die Mütter nicht umso mehr »die letzten Hüterinnen der Ursuppe [...], je weiter und schneller sich die Zivilisation von den ursprünglichen Feuerstellen der Menschheit entfernte?«

Noch bevor wir in Polen eine Entsprechung für »Elterninitiative« gefunden haben und den Begriff nicht mehr umschreiben müssen und bevor die neue polnische Frau den neuen Mann hervorbringt, demontiert Axel Hacke bereits die deutsche Demontage des Althergebrachten. Mittels eines Wurstbrotes und einer Handvoll Frikadellen denunziert er die zur Doktrin erstarrte Bestrebung nach gesunder, ökologischer Ernährung, ein Symbol der neuen Familie – auch zunehmend in meinem Land –, und bei Gelegenheit auch den Terror der Alles-richtig-Macher.

»Das Telefon klingelte. Jörg, ein Vater aus der Elterninitiative und ihr Vorsitzender, wollte wissen, woher die Wurst auf dem Frühstückstisch der Kindergruppe gekommen sei. ›Weiß nicht‹, sagte ich und schluckte leise mein Wurstbrot hinunter. ›Bist du nicht diese Woche für den Frühstückseinkauf zuständig?‹, fragte Jörg. Ja, sagte ich, aber Wurst hätte ich nicht gekauft. Dann müsse er weiterrecherchieren, sagte Jörg, die Kindergärtnerin anrufen, andere Eltern. Er wolle nicht, dass die Kinder Wurst äßen, werde das verhindern. Wurst sei schlecht für Menschen. ›Der Käse war von Tengelmann‹, sagte er scharf. ›Ja‹, sagte ich. ›Nicht aus dem Ökoladen‹, sagte er. ›Nein‹, sagte ich. ›Aha‹, sagte Jörg mit Kommissarstimme und legte auf. Ich machte mir ein zweites Wurstbrot.«

Der deutsche »gastronomische Vater« ist ein würdiger Nach-folger der polnischen »gastronomischen Mutter« und eignet sich prima zum Hüter der – fleischlosen – Ursuppe. Finde ich.

Tassen im Schrank –
über Gemütlichkeit und
Bürgerlichkeit

Als meine Schwester von ihrem ersten Geld, das sie in den Ferien mit einem Studentenjob in der DDR verdient hatte, Tassen, Eierlöffelchen und Butterdöschen aus rotem Plastik mitbrachte und sie stolz in ihrer Studentenwohnung vorführte,
waren sie für mich der Inbegriff des modernen Geschirrs, im
Gegensatz zu den spießigen und bourgeoisen Porzellantellern
und Tassen zu Hause. Unsere Schwesternfrühstücke erinnerten fortan an Teepartys im Puppenhaus, aber wir fühlten uns
unglaublich erwachsen. Der Enthusiasmus fürs funktionale,
(ost-)deutsche Design, der sich mit dem Enthusiasmus für die
Einrichtung des ersten eigenen Haushalts mischte, war jedoch
nur eine kurze Episode. Heute verlieben wir uns auf den Berliner oder Warschauer Flohmärkten eher in alte Sherrygläser
aus Kristall und echtsilberne Buttermesser. Und vor allem hal-

ten wir überall Ausschau nach einer Wanduhr aus längst vergangenen Zeiten, die derjenigen im polnischen Wohnzimmer unserer Großmutter ähnelt. Sie können ja schließlich nicht alle im Krieg verbrannt sein, und es müssen einfach noch Exemplare dieser Art existieren. Aber selbst wenn die alten Uhren fast identisch aussehen: Ihr Läuten ist völlig anders; erstaunlich, wie genau das innere Ohr vergangene Klänge speichert und fehlerfrei die nicht richtigen sofort erkennt.

Unser Verhältnis zu alten Sachen ist eine Mischung aus an Hysterie grenzendem Pietismus und Nostalgie. Aufgewachsen in einem Land, dessen Städte wie sonst wenige andere von der Walze des Krieges gezeichnet sind, dessen Hauptstadt in Schutt und Asche verwandelt wurde und wo nicht nur persönliche Schätze, nicht nur Bücher, Familienalben und alte Möbel zerstört wurden, sondern auch Kulturschätze der tausendjährigen polnischen Geschichte in den Museen und Nationalbibliotheken die Bombardierungen und – im Fall Warschaus – beide Aufstände nicht überlebten, halten wir Dinge, die den Krieg wie durch ein Wunder überstanden haben, für kleine Heiligtümer. Wir wundern uns nicht, wie es die Besucher aus Deutschland gelegentlich tun, dass die Warschauer Altstadt, heute UNESCO-Weltkulturerbe, nicht ganz original ist, da sie getreu wiederaufgebaut wurde. Die Warschauer sind für ihren Trotz bekannt, und wir Polen haben im Wiederaufbau Übung. Nicht zufällig werden polnische Restaurateure weltweit geschätzt.

Früher, in meinen unspießigen studentischen Zeiten, als ich mir noch Bücherregale aus Obstkisten zusammengebastelt habe, hätte ich nicht gedacht, dass ich später zu Hause in München eine Glasvitrine haben würde. Aber ich habe eine. Nicht gleich Jugendstil oder Bauhaus – wogegen absolut nichts einzuwenden wäre – und auch nicht etwa als Teil eines typischen Wandschranks, wie es ihn bei meinen Eltern gab. Meine Vitrine ist einfach, aus hellem Holz, gekauft im populären skandinavischen Möbelhaus, welches seit 1974 in Deutschland dafür sorgt, dass anstelle von Gelsenkirchener Barock modernes, freundliches Design in deutschen Haushalten Einzug hält. Den Anfang meines kleinen Museums der Bürgerlichkeit bildete eine alte Wasserkaraffe aus dickem Kristallglas, ohne Verschluss, der ist abhandengekommen; das Geschenk eines Freundes. Ich habe jetzt ein Stück Vorkriegs-Warschau bei mir zu Hause, auch ein paar altmodische Schnapsgläser stehen da neben den Weingläsern aus einer Glashütte in meiner Heimatstadt, eine Fünfziger-Jahre-Blumenvase meiner Oma aus buntem Glas, das seinerzeit sehr modern war, und typische ungleichförmige Dessertteller aus den Sechzigern, wie gemacht für ein Nierentischchen und heute als Vintage-Accessoire nicht zu verachten – dies alles ist eine Huldigung an die Tradition des alten polnischen Designs, vermischt mit der heutigen Funktionalität. Glas gewordene, täglich gebrauchte und vorsichtig gespülte Nostalgie und Anti-Heimwehmittel in einem.

Aber Vorhänge oder Gardinen habe ich keine. Noch nicht. In den Haushalten meiner deutschen Freunde und deren Eltern habe ich überhaupt noch nie welche gesehen. Auch Freunde in Polen hängen immer seltener Gardinen und Vorhänge vor die Fenster. Ein modernes Zuhause hat sich von der Außenwelt nicht durch staubige und kitschige Sichtschranken abzugrenzen. Meiner Mutter aber muss ich jedes Mal erklären, warum die Jalousien im Zimmer, wo sie während ihres jährlichen

Weihnachtsbesuches schläft, ganz fabelhaft und absolut ausreichend sind. Sie hat nie die Hoffnung aufgegeben, dass ich das Schlafzimmer gemütlich gestalten würde, und hat mir schon einige Vorhangsets geschenkt, was ich ihr nicht verdenken kann. Ich bin, wie die meisten meiner Generation, in einem Plattenbau aufgewachsen. Dem gleichen, wie sie einst in nahezu identischer Form von Plauen bis Wladiwostok gebaut worden sind. Und die in Polen nicht wie etwa in Paris oder anderen Metropolen irgendwo am Stadtrand entstanden, sondern im Schnellverfahren mitten in der Stadt, da nach dem Krieg in den zerstörten Städten dringend Wohnraum benötigt wurde.

Besonders deutlich sieht man dies in Warschau, wo sie, wie in keiner europäischen Hauptstadt sonst, anstelle der für immer aus der Innenstadt verschwundenen Häuser des Klassizismus, des Jugendstils und der Moderne wuchsen. Sozialistisches Design mit »typisierten« und »normierten« Bauelementen (die sich beim Zusammenbauen nicht immer ganz so perfekt zusammenfügten wie vorgesehen), wo sich die Wohn- und Kinderzimmer in den engen Wohnungen überall bis in die Details der Ausstattung glichen. Hatte man ein zehngeschossiges Wohnsilo als Kulisse vor dem Fenster, halfen Gardinen mit zartem Muster, sich wenigstens ein wenig von der grauen Betonwand zu distanzieren, auch als Sichtschutz und Individualisierungselement waren sie unentbehrlich. Den grauen Hausfassaden hängten wir grüne, gelbe oder gemusterte Schranken entgegen, eine vierte Wand in Op-Art-Optik. Bis heute sind sie aus den meisten polnischen Wohnungen nicht wegzudenken, dort sorgt die gute Hausfrau dafür, dass sie stets sauber, gestärkt und oft gewechselt werden. Der Geruch frisch gewaschener Vorhänge und gestärkter Gardinen steht für mich bis heute für Geborgenheit und Zuhause.

Private Wohnungen glichen damals Kokons, die vor der feindlichen oder zumindest vor der – in unserer Vorstellung von der »normalen« stark abweichenden – sozialistischen Wirklichkeit Zuflucht boten. Sie unterschieden sich in ihrer Gemütlichkeit und Gepflegtheit von der Außenwelt, deren Symbol die vernachlässigten, hässlichen Treppenhäuser waren, das Niemandsland der gemeinschaftlichen Räume.

Heute ist bei jungen Polen ein Gardinenverzicht und die Distanzierung von der sozialistischen Gemütlichkeit eine Pflicht, während Cocooning in Deutschland ein hochaktueller Trend ist. Wie Pilze nach dem Regen schießen Geschäfte aus dem Boden, die Heimeligkeit und Kuscheligkeit, gar eine bewusste Spießigkeit anbieten. Modisch gemusterte Spießigkeit ist nicht spießig, sondern trendy. Ich mache mir mittlerweile Sorgen um einige Läden in meiner Münchner Wohngegend. Schon so einige Metzger, Strumpfläden oder Wäschereien mussten Platz machen für Läden, die Gemütlichkeit verkaufen, Sachen im Oma-Look, geblümte Kleider, die billig aussehen, aber ein Vermögen kosten, Einrichtungsgegenstände mit »Authentizitäts«-Anspruch, eingearbeiteten oder echten Gebrauchsspuren. Meine Obstkistenregale habe ich auch schon irgendwo gesehen, in edlen Naturfarben lackiert (meine waren giftgrün) und für einen saftigen Preis.

In einem kürzlich gelesenen Interview beichtete ein junger angesagter deutscher Autor, er fürchte sich vor dunklen, nackten Fenstern, die nicht die Landschaft zeigen, sondern ihn selbst widerspiegeln würden. Das ist für mich gar nicht so exzentrisch, auch meine Mutter würde ihm sofort zustimmen. Für ihn also wären die Vorhänge oder Gardinen, unsere östliche, nahezu orientalische Methode, der Fremdheit der Welt zu begegnen, diese Stoff gewordene Spießigkeit, die perfekte Lösung. Ich weiß nicht, wie lange ich selbst noch in meiner antibürgerlichen Haltung ausharre: Mir gefallen diese neuen Muster sehr gut. Sie würden gut zu der von meiner Oma gehäkelten Tischdecke und dem aus bunten Stoffstreifen gehäkelten Bettvorleger passen. Zum Oma-Look der echten Oma.

Hauptsächlich amerikanische Kommentatoren halten sich nicht mit ihrer Beobachtung zurück, wie sehr die Deutschen ihren Privatraum für heilig halten und wie sehr sie darauf bedacht sind, ihre Privatsphäre mit Hecken, Mauern und diversen Verriegelungen zu schützen. Selbst in den Straßencafés bilden Pflanzenkübel eine Art Absperrung auf dem Gehweg – drinnen soll es gemütlich sein, alles Ungemütliche soll draußen bleiben.

Doch so spezifisch deutsch ist das – mal wieder – gar nicht. Thujenhecken wachsen längst auch in polnischen Vorgärten und *Gated Communities*, jenen geschlossenen Wohnsiedlungen für reiche Stadtbewohner, die allen Raumplanern und Soziologen ein Graus und nicht nur in Deutschland, sondern vor allem im ehemaligen Ostblock, in Warschau, Sankt Petersburg und Sofia, aber auch schon immer in den USA zu finden sind.

Was den polnischen Besuchern in den deutschen Großstädten dagegen auffällt, ist der lebendige öffentliche Raum. Sicher, in deutschen Städten finden sich keine italienischen Piazze, aber an warmen Tagen erinnern sie mit ihren vollen Straßencafés und den Springbrunnen, in denen Eis schleckende Kinder plantschen, sehr an die Städte im Süden. Radfahren in der Stadt ist in Deutschland kein Extremsport, sondern findet auf bequemen Fahrradwegen statt, Wochenmärkte werden nicht an den Stadtrand gedrängt oder zwischen die Häuser gequetscht, sondern bilden in den jeweiligen Stadtvierteln, manchmal an recht prestigeträchtigen Plätzen (der samstägliche Grünkohlstand im Winter vor der Pinakothek der Moderne!), einmal die Woche bunte Zentren des gesellschaftlichen Lebens. Polnische geschlossene und bewachte Siedlungen, die als Absage an den gemeinsamen öffentlichen Raum gedeutet werden können, und komfortable Häuser im Grünen am Stadtrand sind die Reaktion auf Jahrzehnte volksdemokratischer und grauer Plattenbauten. Aber die ersehnte Idylle bringt auch unangenehme Nebenerscheinungen mit sich, wie ewige Staus auf Zufahrtswegen in die Innenstadt, entvölkerte Zentren und soziale Isolierung.

Die Flucht in die Vorstadt mag in Polen spezielle historische Gründe haben, aber ein spezifisch polnisches Phänomen ist sie nicht. Auch in Deutschland leben viele den Traum vom Haus im Grünen, wo Kinder im Freien fernab der gefährlichen Straßen spielen können. Der französische Soziologe Pierre Bourdieu untersuchte das Phänomen der Eigenheim-Idylle und sprach von »Vereigenheimung« der Gesellschaft, vom selbstverschuldeten »kleinbürgerlichen Elend«, der »Domestizierung der Wünsche«.

Heute wohnt etwa noch ein Fünftel der polnischen Bevölkerung in den Plattenbauten, dem Wirklichkeit gewordenen Traum von Le Corbusier, für viele bleibt ein Eigenheim nach wie vor eine unerfüllte Sehnsucht. Doch waren die gigantischen Wohnschachteln früher ein Symbol der Anonymität und der Verschandelung der Stadtlandschaft, so kann man heute besonders unter jungen Leuten einen vorsichtigen Trend beobachten, eine Wohnung im Plattenbau (*blok*) nicht mehr als verpönt anzusehen, sondern als Gegenmodell zu der (neuen) bürgerlichen Flucht in die Vorstadtoasen, die sich in nicht wenigen Fällen zu Kredit- und Spießerfallen entwickeln. In der Warschauer Innenstadt zu wohnen wird wieder schick und bedeutet eine Absage an die Flucht aus dem öffentlichen Raum. Die urbane Wiederbelebung ist längst Programm junger, engagierter Lokalpolitiker, und international anerkannte Künstler mobilisieren die Einwohner in Plattenbausiedlungen zu gemeinsamen Aktionen. »Betonkindheit« ist keine Schande (mehr), sondern ein Generationserlebnis. Eine Wohnung im polnischen Plattenbau ist genauso bürgerlich wie in einem deutschen Altbau.

»Was habt ihr hier alle gegen die Bürgerlichkeit?«, rief meine Freundin einst irgendwann Mitte der neunziger Jahre irritiert in die Runde, während sie Kanapees auf dem Esszimmertisch richtete. Wir saßen mal wieder in ihrem geschmackvoll eingerichteten, bürgerlichen deutschen Wohnzimmer im wunderschönen Haus mit Garten. Auf ihren Partys trafen sich Studenten, wie ich damals, Künstler, auch gerne Migranten mit allen möglichen Hintergründen. Wir tranken Wein, führten bis zum Morgengrauen faszinierende Gespräche in vielen Sprachen und beneideten unsere Freundin um ihre ordentlichen Bücherregale und Sessel. In diesen Sesseln, die elegant und ausgesprochen bequem waren, verging einem früher oder später die Lust, studentisch albern gegen Bürgerlichkeit zu grollen, wenn sie einen nicht schon bei den Häppchen verlassen hatte.

Dass »bürgerlich« im Deutschen ein Schimpfwort ist (»Sie ist so bürgerlich!«), wusste ich nicht, als ich nach Deutschland kam. Schließlich hatten wenige Jahre zuvor Polens engagierteste Bürger im berühmtesten aller Bürgerkomitees, dem *Komitet Obywatelski Solidarność,* die ersten demokratischen Wahlen nach 1945 erfolgreich durchgesetzt, und für mich als Deutsch-Novizin bedeutete »bürgerlich« in erster Linie »fortschrittlich«. In meinen Ohren klang der Begriff nicht »spießig«, sondern nach: nicht kommunistisch, selbstbestimmt, revolutionär. Nach Bürger, Bürgerinitiative und Bürgerrecht. Aber auch nach mittelalterlichem Markt, nach Magdeburger Stadtrecht, nach Kontinuität, Tradition, Stabilität. Nach dem, was wir Polen so lange nicht hatten.

Deutsche Bürgerlichkeit hat verschiedene Attribute. Eines von ihnen ist die Kaffeetasse. Die genauso gut eine Tasse mit Tee sein kann, besonders im Norden Deutschlands. Kaffee- und Teetrinken setzt voraus, dass man sich Zeit nimmt; es hat mit Gemütlichkeit zu tun, auch wenn es manchmal nach strengen Verabredungsregeln verläuft. »Wir machen es uns jetzt gemütlich« ist ein Satz, der sich nur schwer übersetzen lässt. Aber nicht, weil – wie gerne behauptet wird – das Wort »gemütlich« in anderen Sprachen keine Entsprechungen hat. Im Englischen mag dies stimmen, doch das Polnische verfügt über ein ziemlich gutes Äquivalent (*przytulny*). Das nutzt aber wenig, da man zunächst das ganze deutsche Phänomen beschreiben müsste: Gemütlich kann – wie auch im Polnischen geläufig – sowohl ein Abend vorm prasselnden Kaminfeuer in den eigenen vier Wänden sein als auch ein Stammtisch in einer lauten Kneipe oder der Besuch des Oktoberfests. Vielleicht müsste man sogar zuerst überhaupt das Wort »Gemüt« erklären, das mal für »Geist« im Gegensatz zu »Verstand«, ein anderes Mal einfach den Charakter eines Menschen oder seine intellektuelle Beschaffenheit bezeichnet.

Gemütlichkeit, sagen Kulturwissenschaftler, hat immer mit einem Rückzug aus der Öffentlichkeit zu tun, gerne mit anderen Gleichgesinnten. Die Biedermeierkultur entwickelte sich als Reaktion auf die Industrialisierung im 19. Jahrhundert sowie auf die gesellschaftlichen Umwälzungen, auf staatliche Kontrolle und Zensur. Das kennt man auch aus Polen, wenn auch hundert Jahre später. Zur Zeit des Kriegsrechts saß man nicht selten ganze Nächte mit Freunden und Oppositionskollegen zusammen, wenn man vor der Polizeistunde nicht rechtzeitig heimgegangen war. In umgekehrter Proportionalität zur Kontrolle des Staates und der Kälte des öffentlichen Lebens war das gesellschaftliche Leben bunt und lebendig. Die polnische Literaturnobelpreisträgerin Wisława Szymborska greift die Atmosphäre solcher Treffen in ihrem Gedicht *Ein Wort zur Pornographie* (erschienen 1986) auf: »Es gibt keine schlimmere Ausschweifung als das Denken. [...]/Am hellen Tag oder im Schutze der Nacht/verbinden sich Paare, Dreiecke und Kreise. [...]/Ihre Augen glänzen. [...]/Schrecklich, in welchen Stellungen,/wie zügellos simpel/der eine Geist den anderen zu befruchten vermag!/Selbst dem Kamasutra sind solche Stellungen fremd./Während des Beisammenseins kocht höchstens der Tee. […]/Nur manchmal steht jemand auf,/geht ans Fenster/und beobachtet heimlich durch den Gardinenschlitz/die Straße.«

Als bürgerliche Rituale des Teetrinkens, des »gemütlichen Beisammenseins« getarnt, wurde in privaten Wohnzimmern, fernab der feindlichen Welt auf der Straße, die Erschaffung neuer Verhältnisse eingeübt. Intensive Gespräche bei Tee (und Wodka) bereiteten auf eine neue Wirklichkeit vor, die 1989 wahr wurde. Die Gemütlichkeit stellte sich als äußerst produktiv heraus.

Aber sie kann auch das Gegenteil aktiven Handelns sein, das wusste schon Georg Gottfried Gervinus, ein deutscher Historiker des 19. Jahrhunderts: »gemütlich heißt nun auch, wer vor lauter gemüt die strenge des denkens wie die entschiedenheit des thuns scheut und dem ernst des lebens aus dem wege geht oder ihn ganz übersieht, um nicht aus seinem gemütlichen behagen hinausgetrieben zu werden.« Die Deutschen selbst haben ein widersprüchliches Verhältnis zu ihrer Gemütlichkeit, diesem so sehr als deutsch geltenden Phänomen, dass sie im Englischen einfach als »german soul« erklärt wird. Christian Graf von Krockow schreibt in *Die Deutschen und ihr Jahrhundert*, sie »möchten es wohl gerne gemütlich haben«, aber oft »[regiert] die Missgelauntheit. Mit jedem Ferienbeginn setzt eine Massenflucht ein. ›Bloß raus hier!‹, scheint die Parole zu sein, als biete einzig die Ferne noch Heil.«

Kulturforscher und Historiker sagen, die Deutschen würden heutzutage der Gemütlichkeit misstrauen, da sie wissen, aus Gemütlichkeit kann auch Ungemütlichkeit entstehen, dem faustischen Prinzip des deutschen Gemüts folgend. Meine deutschen Freunde finden aus denselben Gründen wie meine polnischen und amerikanischen Freunde die Szene aus Bob Fosses Film *Cabaret* befremdlich und eindrucksvoll, in der mitten im gemütlichen Beisammensein in einem Biergarten der Junge mit der Hakenkreuzbinde das zunächst volkstümlich anmutende Lied *Tomorrow Belongs To Me* (»Der morgige Tag ist mein«) anstimmt.

Ich habe schon etliche angenehme Stunden in bayerischen Biergärten verbracht, beim Wort »gemütlich« visualisiere ich hauptsächlich Bierbänke unter Kastanienbäumen. Will ich mit den Bayern, mit »meinen« Deutschen, angeben und sie von der besten Seite präsentieren, so lade ich meine ausländischen Gäste auf ein Weißbier im Freien oder in eine Bierwirtschaft ein. Die deutsche Gemütlichkeit ist für alle da, man kann es nicht besser verstehen als an einem lauen Abend in einem Münchner Biergarten. Allerdings kann einen die Wucht der mit Konsumrausch vermischten inszenierten Gemütlichkeit auf dem Oktoberfest, wenn sie einen unvorbereitet erwischt, auch regelrecht erschlagen. Da kann man Thea Dorn nur zustimmen, wenn sie, die deutsche Seele erforschend, schreibt: »Je weniger Halt das Gemüt in der eigenen Brust findet, desto heftiger drängt es danach, sich Trutzburgen der Gemütlichkeit zu errichten.«

Aber die Rituale, seien sie einem anfangs noch so fremd, erleichtern beiden Seiten das Annähern. Auf eine Tasse Kaffee oder eine Maß Bier geht man gewöhnlich mit jemandem, dem man gerne zuhören oder etwas erzählen möchte.

»Im Westen ist der Individualismus größer«, sagte mein schon länger in Deutschland lebender polnischer Freund, halb erklärend, halb warnend, zur Begrüßung, als ich für ein Auslandssemester aus dem gerade erst systemtransformierten Polen in das gerade erst wiedervereinigte Deutschland kam. Es war mein erster Aufenthalt in Deutschland. Ich nahm seine Bemerkung zunächst höflich zur Kenntnis, musste ihm aber bald schon recht geben, als ich Zeugin mir unverständlicher und zugleich bewundernswerter Verhaltensweisen wurde: dass man Weihnachten nicht mit der Familie unterm Christbaum feiert, sondern zum Tauchen nach Thailand fliegt, an Silvester nicht bis zum Morgengrauen tanzt, sondern zu Hause bleibt, um Dostojewski zu lesen oder zu schlafen – das hat mir sehr imponiert, auch wenn ich es mir für mich nicht so recht vorstellen konnte. Deutsche beugen sich keinem durch Traditionen oder Gewohnheiten aufgezwungenen Verhaltensterror, das war, nach allem was ich über ihre Geschichte wusste, verständlich. Aber warum fühle ich mich dann heute manchmal in Deutschland, als gäbe es hier eine Planwirtschaft des sozialen Verhaltens? »Deine Tochter bleibt mit acht Jahren nicht alleine zu Hause?« »Du musst am Sonntag doch auch ein bisschen rauskommen.« »Was, du stillst noch?« Als ein deutscher Bekannter nach Breslau zog, wo er endlich einen guten Job fand, mailte er begeistert, das neue Leben sei toll, die soziale Kontrolle nicht so stark. Nach ein paar Jahren Deutschland ahnte ich, was er damit gemeint haben könnte. Deutsche Bürgerlichkeit ist ein Spiel zwischen Unangepasstheit und sozialer Kontrolle, zwischen bürgerlichen Ritualen und deren Infragestellung, zwischen »Wie es sich gehört« und »Ich lasse mir nichts vorschreiben«.

Eines dieser Rituale, das mich anfangs ein wenig belustigt hat, war das Phänomen »Kaffee und Kuchen«. Es klang so bürgerlich! Freilich trank man am Sonntagnachmittag auch bei uns zu Hause in Polen Kaffee und vor allem Tee und aß Kuchen dazu, den man am Samstag gebacken hatte, und natürlich bot man sie auch dem Besuch an, aber ich kann mich an keine besondere Benennung dieser Zeremonie erinnern.

Die bürgerlichen Rituale, deren Namen ein bisschen spießig, ein bisschen nach Tradition, ein bisschen nach Oma, Gemütlichkeit und Vorhersehbarkeit klangen, machten mich, bei aller Belustigung, auch ein bisschen neidisch. So auch ein weiterer Begriff aus der Welt der Kaffeetrinker, der mich wegen seiner Bedeutungsvielfalt in Begeisterung versetzte: »eine schöne Tasse Kaffee«. Dies hatte ein bisschen den Klang von »Wir haben es uns verdient«, gleichzeitig auch eine beruhigende und zum Gespräch einladende Funktion: Eine schöne Tassen Kaffee ist der Moment, wo man für Erzählen und Zuhören einen langen Anlauf nehmen kann. Bei Deutschen älterer Generationen höre ich dabei ein leises »Bei uns ist die Welt in Ordnung« heraus. Eine schöne Tasse Kaffee zu zelebrieren bedeutet, dass man ein Kaffeeservice und auch Kaffee hat; dass kein Krieg und keine Mangelwirtschaft herrschen und kein Ersatzkaffee gekocht werden muss.

Dagegen ist der Ausdruck »Kaffeeklatsch« reine Leichtigkeit. Ich lernte ihn von Menschen, aus deren Mund es ironisch klang und mit denen Kaffeetrinken lustig war. Auch in der modernen, der nur zum Spaß als spießig verkleideten Version bedeutete dies: Informationen austauschen, plaudern, zusammensitzen. Kaffeetrinken ist in Deutschland – bürgerlich oder antibürgerlich – eine soziale Einrichtung. Es hat nichts gemein mit dem schnellen Kippen eines Tässchens an einer südländischen Bar oder dem Kaffeetrinken nach einem ausgedehnten Mittagessen bei polnischen Familienfesten – dem Zeichen für die Kinder, vom Tisch zu verschwinden. Während meiner deutschen Sozialisierung lernte ich gigantische Milchkaffee-Tassen kennen, die Kännchen, die man draußen auf der Terrasse des bürgerlichen Cafés bekam, in dem ich als Kellnerin gejobbt hatte (»Draußen nur Kännchen« – wie oft musste ich diesen Satz sagen!), auch Kännchen mit lustigen Wollwärmern, die mich in kleinen, gemütlichen Hotels in der deutschen Provinz beim Frühstück erwarteten. Alles zwecks des Verlängerns der Zeremonie, der Kaffee sollte nicht kalt werden, während an der Informationsbörse Geschichten herausgerückt und getauscht, Einschätzungen und Meinungen formuliert oder weitergegeben wurden. Man pflügt bei einer Tasse Kaffee ein Stück Wirklichkeit um und steckt es ab. Außerhalb des soeben beackerten Fleckchens Leben wuchert die fremde, manchmal böse oder unfreundliche Welt, die nichts mit einem selber zu tun hat – bis zum nächsten Kaffeetrinken, wo man mit jedem Schluck, jedem Löffelklimpern und jedem Satz zusammen ein weiteres Stück bearbeiten und sich mit ihr arrangieren würde.

Ich lernte, weder eine Tasse Kaffee bei einer Nachbarin noch deren Variante, einen kurzen Plausch im Treppenhaus oder Supermarkt, abzulehnen; weder Übersetzer-, Eltern- oder sonstige Stammtische (eine Variante des Kaffeeklatschs) noch eine Runde auf dem Hort-, Kindergarten- oder Schulsommerfest. In meiner polnischen Seele schlummert ein kleiner subversiver Teufel, der derartige »Massen- oder Pflichtveranstaltungen« nicht gut finden will und der dem »gemütlichen Beisammensein« erst einmal misstraut. Ritualisiertes Vergnügen mit Gemütlichkeit als oberstem Ziel. »Wir müssen mal einen Kaffee zusammen trinken« klang für mich zunächst nicht gemütlich, sondern schon wieder nach einem Termin. »Kaffee trinken«, das bedeutete für mich bis dahin, im Studentenwohnheim auf der Treppe zu sitzen und um drei Uhr morgens spontane Grundsatzdiskussionen mit den Mitbewohnern zu führen.

Kommt mir »auf eine Tasse Kaffee treffen« so anders vor, weil es hier schon immer zu den bürgerlichen Ritualen gehörte, während es in meinem Lebenslauf den Anfang meiner Selbständigkeit begleitete? Nichts war im Land der Teetrinker, welche Polen eigentlich sind, so »erwachsen«, ungesund, außergewöhnlich und daher begehrenswert wie eine Tasse frisch gebrühten Kaffees, zumal er jahrzehntelang nur schwer erhältlich war. Heute kenne ich in München immer weniger Leute, die mit mir am Nachmittag einen Kaffee trinken würden. Auch Deutschland scheint sich in ein Land der Teetrinker verwandelt zu haben. Tee gilt als feiner, magenschonender. Aber wenn der Kaffee – und nicht das Bier – laut Statistiken das liebste Getränk der Deutschen ist, wer trinkt ihn nur?

Der Anti-Spießer stellt Regeln und Gewohnheiten, die einem Spießer lieb und teuer sind, gerne infrage und legt unangepasstes Verhalten an den Tag. Auch ich habe früher versucht, an Tabus zu rütteln. Ich habe zum Beispiel auf einem Münchner Friedhof Federball gespielt. Zwar auf einem, auf dem bereits seit 1939 keine Beerdigungen mehr stattfanden und der heutzutage mehr Park als Bestattungsstätte ist, auch wenn dort zu Allerheiligen immer noch vereinzelte Grablichter aufgestellt werden. Am Zentralkreuz zünde ich jetzt immer selber welche an, wie ich es früher mit meinen Eltern und Großeltern in Polen getan habe. Auf diesem Münchner Friedhof habe ich auch oft gelesen, mich mit Freunden zum Plaudern verabredet, telefoniert. Ich fand es mächtig unspießig, wie die Kindergartengruppen zwischen den Kreuzen Verstecken spielten und Erwachsene Picknicks mit Sekt veranstalteten. Aber als ich zunehmend die allgegenwärtigen Jogger wahrnahm, die entlang der Grabsteine ihr Fitnessprogramm absolvierten, erwachte ich aus meiner rebellischen Phase und fand mich wieder in meiner Spießigkeit, die in einem Friedhof eine Stätte der Ruhe sieht. Heute würde ich dort nicht mehr Federball spielen wollen, um mit etwas Sport die Stille des Ortes zu konterkarieren. Tabubrechen, das sich verselbständigt, ist etwas spießig, finde ich, ähnlich dem beharrlichen, fröhlichen Pfeifen im Supermarkt an der Kasse oder den lauten Gesprächen in der öffentlichen Bibliothek in der Gute-Laune- und Ich-mache-mirnichts-aus-verstaubten-Benimmregeln-Manier.

Dagegen habe ich viele bürgerliche Rituale liebgewonnen. Wenn man zum Kaffeeklatsch oder zu einer Bierrunde eingeladen wird, mag die Hecke im Garten noch so dicht sein – man fühlt sich willkommen.

Dennoch fällt mir der Umgang mit der deutschen Tradition nicht immer leicht. Ich werde wohl nie die Angewohnheit los, meine Umgebung einer Art moralisch-historischem TÜV zu unterziehen. Noch vor einigen Jahren fiel es mir schwer, unbefangen mit den Großeltern meiner deutschen Freunde zu reden. Mittlerweile leben nur noch wenige, die unmittelbar am Zweiten Weltkrieg beteiligt waren, aber früher begegnete ich allen Menschen älterer Generation mit einem Röntgenblick, der gegebenenfalls ihre Nazivergangenheit aufdecken sollte. Bei jedem alten Gegenstand auf einem deutschen Flohmarkt fragte ich mich, ob er nicht zufällig jemandem gehört hatte, der auf dem Ostfeldzug das Haus meiner Großmutter anzündete.

Und doch las ich die Stelle in Hans-Ulrich Treichels *Der Verlorene*, an welcher der kleine Protagonist berichtet, wie sein Vater in den Jahren des Wirtschaftswunders das Haus umgebaut hatte, ohne Schadenfreude, sondern eher mit einem Gefühl von Traurigkeit. Der Vater des Ich-Erzählers, ein aus Ostpreußen Vertriebener, fängt nochmals von vorne an. In seiner Sehnsucht nach heiler Welt und Stabilität will er nur dem vertrauen, was er selber aufgebaut hat, und setzt dabei nicht nur seine Gesundheit aufs Spiel (der Umbau endet mit einem tödlichen Herzinfarkt), sondern zerstört auch ein Stück Tradition:

»Er tat dies so gründlich, dass das neue Haus in nichts mehr dem alten glich. Das Fachwerkhaus [...] wurde entkernt, die Wände des Hauses wurden bis auf die Balken ausgehöhlt. [...] Die Fenster wurden erneuert, aus den Flügelfenstern wurden Kippfenster, auf denen sich niemals mehr, wie in den Jahren zuvor, Eisblumen bildeten, weil sie aus doppelter Verglasung bestanden. [...] Das Haus war mal mein Kindheitslabyrinth gewesen, mit langen Korridoren, tiefen Wandschränken und unerwarteten Treppenabsätzen, hinter denen sich neue Korridore erstreckten, die wiederum zu anderen Verbindungstüren und Treppenabsätzen führten. [...] Der Dachboden wurde umgebaut und zu einer Wohnung gemacht. Der Umbau hat mir mein Kindheitslabyrinth genommen, es begradigt, entkernt und ausgeleuchtet.«

Das verschwundene Fachwerkhaus tut mir genauso leid wie die Reste der alten Häuser in Warschau, die man nach dem Krieg gesprengt hat, um Platz für den wuchtigen Kulturpalast zu schaffen, das Symbol der neuen Zeiten, ein »Geschenk« der Sowjetunion, viele Jahre lang ein Hass- und Spottobjekt der Polen.

Alte Porzellantassen, Uhren, ganze Stadtteile wurden in polnischen und deutschen Städten zerstört. Die Gemütlichkeit unserer Wohnzimmer ist auf einem ziemlich dünnen Boden errichtet.

»Morgens früh um sechs« – der Umgang mit Zeit

Über Quantenphysik weiß ich nicht viel, dennoch regt das Konzept der Parallelwelten seit einiger Zeit meine Phantasie besonders an und mich mitunter auf. Es frustriert mich, denn ich habe begriffen, dass ich manchen Mitgliedern unserer Familie nie werde beibringen können, dass der Unterrichtsbeginn in deutschen Schulen für alle gleich ist und jeden Tag gilt oder dass kausale Zusammenhänge zwischen langsamem Fertigmachen und Zuspätkommen bestehen. Denn offensichtlich leben meine Tochter und ich in Parallelwelten und treffen uns nur durch Zufall und für kurze Augenblicke am Frühstückstisch, aufgrund irgendwelcher Kurzschlüsse in der Matrix. Meine Tochter morgens zum Aufstehen zu motivieren hat nichts mit der Routine und Eintönigkeit des Alltags zu tun. Sie ist jedes Mal genauso überrascht von der Notwendigkeit, sich dem Fluss der gesellschaftlich vereinbarten Regeln und Rituale hinzugeben, wie ich jeden Morgen deswegen in Aufruhr. Der

Morgen in unserer Familie ist der gelebte »Kampf der Kulturen«. Polnisches Pochen auf Pflichtbewusstsein und Appelle an Gewissenhaftigkeit contra deutsche Lässigkeit und Unpünktlichkeit.

Der amerikanische Sozialpsychologe Robert Levine stellt in seinem Buch *Eine Landkarte der Zeit* fest, dass Menschen in verschiedenen Kulturen die Zeit, also die Abfolge von Ereignissen, unterschiedlich empfinden. In manchen Gesellschaften (der nordamerikanischen beispielsweise) wird Aktivität positiv, das Nichtstun hingegen als Verschwendung gewertet, während in Mexiko – es belegt den letzten Platz in der Zusammenstellung der Länder nach ihrem Lebenstempo – gilt, dass man Zeit nicht kontrollieren kann, sondern ihr »Zeit geben« muss. Levines Untersuchungen zufolge funktionieren die meisten Völker nach der Natur- oder Ereigniszeit, im Gegensatz zu den westlichen Uhrzeit-Kulturen. In München also muss man zur Schule, wenn der Wecker klingelt, nicht wenn die Sonne hoch genug über der Straße steht oder wenn der Nachbarshund Gassi geht und fröhlich bellt.

Der niederländische Kulturwissenschaftler Geert Hofstede wiederum sieht die Beziehung zur Zeit im Zusammenhang mit den Strategien, die verschiedene Kulturen im Umgang mit Unsicherheiten entwickeln. Es gibt Länder, die mit unvorhergesehenen Situationen besser umgehen können und ihnen offen begegnen. Diese messen den Regeln, zum Beispiel der Pünktlichkeit, eine zweitrangige Bedeutung bei (wie es in England, Schweden oder Ostafrika der Fall ist). Diejenigen, die Unsicherheiten lieber vermeiden, brauchen dagegen festere Gesetze (zum Beispiel in Japan oder Russland).

Deutschland wiederum steht irgendwo dazwischen. Das kann ich bestätigen. Sowohl »Fünf Minuten vor der Zeit ist des Deutschen Pünktlichkeit« wird hier praktiziert als auch »Spät kommt auch«. Das Zweite ist mir aus Polen sehr wohl in Form des Spruchs »Beeile dich langsam« (*Spiesz się powoli*) bekannt, den kluge Großmütter den Hetzern auf den Weg geben, wohl wissend, dass aus Eile nichts Gutes entsteht. Mein Vater hatte noch eine Maxime aus seiner Soldatenzeit auf Lager: »Eile ist nur zum Flöhefangen gut.« Es klang immer irgendwie weise und beruhigend. Das heißt aber nicht, dass wir in Polen nur solche Sprüche kennen, die uns auf die Seite der Regel-Verweigerer, der lockeren Zuspätkommer und Faulenzer stellen. (Außerdem habe ich nach Jahren den Lieblingssatz meines Vaters auch im Deutschen gehört. Ob er lediglich eine polnische Übersetzung eines deutschen Spruchs benutzte? Oder ist es genau andersherum?) Unser zentrales Sprichwort zum Thema Zeit lautet »Wer früh aufsteht, den beschenkt Gott« (*Kto rano wstaje, temu Pan Bóg daje*), was weniger Ausdruck der polnischen Religiosität im modernen Alltag ist, sondern eher dem guten Reim geschuldet. Wessen ich auch das deutsche Äquivalent, das Sprüchlein mit dem »Gold im Mund«, verdächtige.

Ich habe nicht das Gefühl, in Deutschland in einem Land der Pünktlichkeitsfanatiker zu leben, als welche die Deutschen weltweit gelten – auch in Polen, versteht sich, wo man schon immer mit einer Mischung aus Bewunderung, Sarkasmus und Mitleid den deutschen Tugenden gegenüberstand. Aber wenn wir betonen wollen, wie gut das Timing gerade war, oder uns gegenseitig für unsere Pünktlichkeit loben, so sagen wir: »Wie eine Schweizer Uhr!«, von wegen: wie eine deutsche. Dabei sind Deutsche klassische Uhrzeit-Menschen. Nicht dass sie die Uhr als solche erfunden haben (möglich wäre es gewesen, denn sie haben in ihrem Erfindungseifer so gut wie alles erfunden), aber die tragbare schon. Zeitmessung zum Mitnehmen ist das Verdienst von Peter Henlein, dem Nürnberger Schlossermeister aus dem 15. Jahrhundert. Ich habe nie eine Armbanduhr getragen, ich finde sie lästig, für Menschen wie mich erfand man die Display-Uhren der Mobiltelefone. Uhren aber sind Teil meiner schönsten Kindheitserinnerungen: Mein Großonkel war Uhrmacher in einem kleinen Dorf in Podlasien. Die Bewohner aus der ganzen Gegend brachten ihm ihre Uhren zur Reparatur, und diese lagen und standen dann überall bei ihm in der Stube. Ich sehe meinen Großonkel immer noch vor mir mit der charakteristischen Lupe vor das Auge geklemmt, um an seinem Küchentisch das Innenleben der Uhren zu erforschen. Mit derselben Ruhe, mit der er dies tat, widmete er sich seiner zweiten Leidenschaft, der Bienenzucht. Kam man zur richtigen Zeit zu Besuch, so bekam man zum Nachmittagstee im Garten einen Teller mit einer frischen, von Honig triefenden Wabe serviert. Auch wenn es vor allem die Uhren waren, die meinen Großonkel zum geschätzten Mitglied der Dorfgemeinschaft machten, war er für mich der magische Bienenkönig, der im Einklang mit der Natur lebte und immer wusste, wann er seine Bienen in Ruhe lassen und wann er sie stören durfte. Es war für uns Kinder besser, sich an diese Regeln zu halten, ein Zuwiderhandeln konnte schmerzhaft sein. Mein Großonkel war ein Natur- und ein Uhr-Zeit-Mensch gleichermaßen.

Nach der Natur- und Ereigniszeit leben auch heute die Nachbarn in dem ostpolnischen Dorf, wo wir unsere Ferien verbringen. Sie planen ihre Feldarbeiten jedoch nicht mehr nur nach den Wolkenkonstellationen, sondern längst auch nach Wetterprognosen aus dem Internet. Will man sich am Tag der Kartoffelernte mit ihnen treffen, so macht man keinen Termin um fünfzehn Uhr aus, sondern geht zu ihnen aufs Feld hinaus. Und hilft am besten gleich bei der Arbeit mit. Man nimmt dann nicht nur die guten Geschichten mit nach Hause, die bei der Arbeit immer erzählt werden, sondern auch garantiert einen Korb voller Kartoffeln als Geschenk. Und bei der Gelegenheit wird auch das städtisch eingerostete Zeitgefühl ein wenig getrimmt. Beeilung bedeutet zum Beispiel nicht, dass man um eine bestimmte Uhrzeit nach Hause geht, sondern dass man die Kartoffeln aufsammelt, bevor aus den dicken Wolken, die sich den ganzen Nachmittag über angesammelt haben, tatsächlich der Regen hervorbricht.

Fünfundachtzig Prozent aller Deutschen schätzen Pünktlichkeit. Pünktlichkeit wird vielleicht als die deutscheste Tugend überhaupt wahrgenommen. Pedantisch, fleißig und pünktlich, das seien die Deutschen, wie die preußischen Soldaten und andere Staatsdiener. »Pünktlichkeit« ist den Deutschen einen eigenen Eintrag bei Wikipedia wert, gewohnt ausführlich und seriös, nicht so kümmerlich wie die wenigen Einträge in anderen Sprachen, die sich des Themas annehmen. Einen polnischen Eintrag zur Pünktlichkeit gibt es bei Wikipedia gar nicht. Mit der Verweigerung zum Thema scheinen die Polen sehr im neuen deutschen Trend zu liegen. Und ich scheine das Glück zu haben, öfter mal an die fünfzehn Prozent der Deutschen zu geraten, die sich um die Pünktlichkeit nicht scheren – bewusst oder nicht.

Heute dreht sich in Deutschland vieles um die allgemeine Beschleunigung und die Strategien, sich dieser zu entziehen. Die anstrengenden, mit der Uhr in der Hand geplanten Nachmittagsbeschäftigungen der deutschen Kinder, die auch in polnischen Städten gang und gäbe sind, gelten in Deutschland zunehmend als verpönt. Den Kindern müsse man ihre Kindheit zurückgeben, sie bräuchten Zeit zum Träumen und Nichtstun, heißt es von überallher. Es ist schick, sich der Diktatur des Marktes nicht unterwerfen zu wollen. Zur Arbeit muss man zwar pünktlich erscheinen, dafür wiegt man es mit einem legeren Stil nach Feierabend auf.

Neulich las ich im Blog einer bekannten deutschen Schauspielerin, die bei einem internationalen Filmfestival in der Jury tätig war, lustige Anekdoten über ihr eigenes Unpünktlichsein und über die Verwunderung der anderen Jurymitglieder über eine derart untypische Deutsche. (Die »anderen«, das sind wohlgemerkt nach meiner jahrelangen Beobachtung meistens Engländer, die für Deutsche in Sachen Lebensstil das Maß aller Dinge zu sein scheinen. Außer den Franzosen natürlich.) Ich kenne ein paar pünktliche Deutsche. Solche, die vor gemeinsamen Ausflügen rechtzeitig an der U-Bahn-Haltestelle warten und zu Essenseinladungen niemals zu spät kommen. Und ich kenne welche, die eine Viertelstunde früher zum Frühstücken erscheinen und in Kauf nehmen müssen, dass sich die Gastgeberin noch anziehen muss (»Fünf Minuten vor der Zeit …«). Für viele meiner Bekannten hingegen klingt die Einladung zum »Osterfrühstück um elf Uhr« wie »gegen halb eins«, und sie reagieren mit Verwunderung, wenn man sie, endlich erschienen, gleich zu Tisch bittet, wo die anderen schon vor

Hunger auf ihre Servietten beißen und die Brotvorräte wegfuttern, bevor ich meine polnischen Spezialitäten auffahre. Ich kenne deutsche Abendessen, bei denen die Gastgeber mit der Wochenend-Gemütlichkeits- und »Wir lassen uns nicht immer so hetzen«-Einstellung gegen zehn Uhr überlegen, was man kochen könnte, und ganz offensichtlich noch nie vom polnischen Spruch gehört haben: »Ein hungriger Pole ist ein böser Pole«, denn sonst würden sie die Planungsphase vielleicht nicht so lange zelebrieren: »Wir könnten vielleicht Pfannkuchen machen. Mit Käse. Und Kräutern.« (Bitte! Ja!) Oder Einladungen, zu denen die Vorbereitungen so spät anfangen, dass der Gast die Hoffnung auf eine warme Mahlzeit schon aufgegeben hat und vor lauter Aperitifs sowieso keine Kraft zum Essen mehr hat, aber noch helfen muss, wichtige Dinge demokratisch zu entscheiden (»Sollen wir jetzt die Petersilie hacken oder erst die Tomaten häuten?«).

Ich will das mit der Petersilie nicht mit entscheiden, und an dem Spektakel betonter Distanziertheit zu den bürgerlichen Ritualen und der klassischen Rollenverteilung will ich nicht teilnehmen. Zusammen kochen macht immer Spaß, und ich helfe wirklich gerne. Aber da es eine Choreographie ist, braucht es einen Zeremonienmeister, der auch auf die Uhr guckt.

Als ich schon eine Weile in Deutschland lebte, fing ich an, bei den Besuchen zu Hause meine Eltern etwas umzuerziehen. Ich fand es so schick und vornehm, wenn ich in Deutschland als Gast mit einem Glas Sekt empfangen wurde und man erst ein Weilchen plauderte, ohne auf den knurrenden Magen zu achten. Bei meinen Eltern war es nicht möglich, Hunger zu verspüren. Denn sie wussten: Die Kinder haben einen langen Weg zurückgelegt, um am Wochenende am elterlichen Tisch Platz zu nehmen. Sie waren schon seit den Morgenstunden mit Kochen beschäftigt, und traf man Freitagabend zu Hause ein, stand in der Küche schon alles bereit. Im Ofen erholte sich bereits der Braten oder ging der Hefeteig, in der Pfanne brutzelte etwas, und den Tisch hatte mein Vater schon am Mittag gedeckt. Die Information, das Auto meiner Schwester habe soeben glücklich einen Parkplatz gefunden (was vom Küchenfenster aus beobachtet wurde, wo immer jemand Wache hielt; das sollte sich auch später in den Zeiten der Handykommunikation nicht ändern) oder dass mein Zug pünktlich kommt, war das Signal, die Nudeln aufzusetzen und den Salat anzumachen. Als hungrige Studentin habe ich dieses Verfahren genossen, mit der Zeit aber wollte ich entspannte Eltern, die uns mit einem Sektglas in der Hand empfangen, besonders wenn ich Gäste aus Deutschland mitbrachte. Ich wollte keine emsigen, sondern coole Eltern, die erst ein gepflegtes Gespräch führen (während der Braten austrocknet und die Nudeln zerkochen), bevor wir uns ans Essen machen.

In Deutschland lernte ich selber schnell, eine kühle und entspannte Gastgeberin mit einem Glas Sekt in der Hand zu sein. Aber die Entspanntheit und Coolness waren oft gespielt, ich dachte beim Sektschlürfen an die noch zu wiegenden Kräuter oder die Temperatur im – natürlich längst vorgeheizten, so viel Vernunft muss sein – Ofen. Heute stehe ich irgendwo zwischen der souveränen Kochweise meiner Eltern und der betont uncoolen Art einer Partyvorbereitung mit viel Hektik, mit dem Bereiten von zu viel zu aufwändigem Essen, dem gelegentlichen Fluchen und dem Abkommandieren minderjähriger Familienmitglieder zum Einkaufen der vergessenen Zutaten. Wenn ich schon nicht cool sein kann, dann schadet ein bisschen Show für die Gäste unter dem Titel »Wir unorganisierte Slawen« auch nicht.

Bei meinen Eltern erwarte ich mittlerweile bei meiner Ankunft den längst gedeckten Tisch und hoffe, dass wir keinen blöden Sekt trinken werden, sondern uns gleich auf die Leckereien stürzen. Ich weiß, wie viel Mühe sie sich gemacht haben und dass ihr – »schweizerisches«? – Timing eine für mich vorerst unerreichte Kunst bleiben wird.

Eine der deutschesten Eigenschaften scheint mir die Lust der Deutschen, so wenig wie möglich deutsch zu sein. Daher vielleicht diese zur Schau gestellte Schlampigkeit im Umgang mit der Zeit bei meinen Freunden, die mich gelegentlich zur Verzweiflung treibt. Assoziierte man früher mit der Tugend der Pünktlichkeit das preußische Heer, so ist vielleicht die nervige Unpünktlichkeit ein unbewusst gesendetes Zeichen: Wir sind gar nicht so tugendhaft, und wir bedrohen auch niemanden mehr.

Wie der polnische Historiker Tomasz Szarota herausfand, übernahm nach 1945, besonders aber nach der Wiedervereinigung, nicht zufällig der »deutsche Michel« anstelle eines preußischen Soldaten mit Pickelhaube die Rolle des deutschen Symbols; eine etwas verpennte und verträumte Gestalt mit Zipfelmütze, derer sich Karikaturisten und Publizisten gerne bedienen. Während der Wiedervereinigung waren in Europa Stimmen nicht zu überhören, die vor einem zu starken Deutschland warnten, in dem militärische Neigungen schlummern. »Indem sie sich mit dem ›deutschen Michel‹ identifizierten, wollen die Deutschen gewissermaßen zeigen, dass solche Ansichten kränkend, unbegründet und falsch sind.«

Nach dem Philosophen Immanuel Kant sollen die Einwohner von Königsberg ihre Uhren gestellt haben, so pünktlich trat er seinen täglichen Spaziergang an. Er erlaubte sich auch sonst keine Nachlässigkeit. Bekannt ist, dass er um fünf Uhr morgens aufstand, um sieben Uhr zu seinen Vorlesungen ging, die bis elf Uhr dauerten, um dann an seinen Texten zu arbeiten, um eins sein Mittagessen zu sich zu nehmen, um halb vier spazieren zu gehen, dann Schriftliches erledigte (z.B. *Die Kritik der reinen Vernunft* und andere bekannte Schriften verfasste) und pünktlich um zehn Uhr im Bett war. Was mich an dieser Information hauptsächlich erschüttert, ist die Tatsache, dass auch seine Studenten um sieben zu den Vorlesungen gegangen sein müssen. Der einzige Trost: Die Sonne steht in Kaliningrad, wie Königsberg heute heißt, deutlich früher am Himmel als zum Beispiel in München.

Bekannt ist auch, dass Thomas Mann zwischen sechs und neun Uhr an seinen berühmten Werken geschrieben hat, um anschließend gemütlich zu frühstücken und mit seinem Hund spazieren zu gehen. Feierabend um neun, das ist früh, selbst für einen Freiberufler. Natürlich hatte Thomas Mann nach dem Frühstück nicht frei, sondern Zeit, um Thomas Mann zu sein. Aber die strenge Disziplin, die ihm offensichtlich half, kreativ zu sein, ist beeindruckend. Und für mich komplett unerreichbar. Lese ich solche Anekdoten, frage ich mich – gleich nachdem mich der Neid und die Begeisterung wegen des ungestörten kreativen Betätigens beinahe gelähmt haben –, wer denn derjenige (wahrscheinlicher eher: diejenige) war, der diese Legenden mitgestaltete. Wer kochte Kant den Tee, den er im Morgenfrost vor Kälte zitternd trank, und wer wartete mit dem Mittagessen auf den Herrn Professor, damit er sich rechtzeitig an die nachmittägliche Schreibtischarbeit machen konnte? Und ich denke immer an Katia Mann, die nicht nur für den Frühstückstisch sorgte, sondern auch dafür, dass ihr Mann von allen sechs Kindern ungestört blieb.

Pünktlichkeit, das genaue Einteilen des Tages in Zeiteinheiten, ist eine Art, das Chaos der Welt zu bewältigen. Aber im Hintergrund ist noch eine andere Art der Chaosbewältigung, die sich nicht nur nach der Uhr richtet, sondern tut, was getan werden muss. Diese Tätigkeiten werden nicht wahrgenommen. Wahrgenommen wird nicht eine aufgeräumte Küche, sondern diejenige, die nicht aufgeräumt wurde. Die polnische Philosophin Jolanta Brach-Czaina schrieb in ihrem Buch *Szczeliny istnienia* (»Existenzspalten«) über das Phänomen der »Geschäftigkeit« (*krzątactwo*), des unablässigen Ordnens, Bettenmachens, Essenzubereitens, Dreckbeseitigens. Wir sind zur Geschäftigkeit verdammt, und diese »befestigt den Alltag in einer metaphysischen Ordnung der Dinge, in der das Dasein mit dem Nichts konfrontiert wird«. Es sind meistens die Frauen, die die unsichtbaren, unwesentlichen, unentwegten Tätigkeiten übernehmen. Wie auch in dem deutschen Gedicht eines unbekannten Autors (oder einer Autorin?):

Morgens früh um sechs kommt die kleine Hex'.
Morgens früh um sieben schabt sie gelbe Rüben.

Morgens früh um acht wird Kaffee gemacht.
Morgens früh um neune geht sie in die Scheune.
Morgens früh um zehne holt sie Holz und Späne.
Feuert an um elfe, kocht dann bis um zwölfe.
Fröschebein und Krebs und Fisch, hurtig Kinder,
kommt zu Tisch!

Während ein Zen-Praktizierer die Schönheit des Hier und Jetzt erkennt, das sich im Holzhacken und Wasserholen manifestiert, seinem Tao – der versteckten Ordnung und Lebenskraft – folgt und die Wirklichkeit vollkommen akzeptiert, begehrt Jolanta Brach-Czaina gegen die Selbstverständlichkeit des Kampfes auf, den man gegen das Chaos führt. Und muss gestehen, dass es allgegenwärtig und allmächtig ist. »Schmutz in der Wohnung. Und Unordnung. Das sind die Beweise der unabhängigen und unser Zuhause regierenden Kräfte, trotz des Kampfes, den ich mit ihnen führe. Ohne Ende.«

Die kleine Hexe aber löst es auf ihre Art: Sie arbeitet bis zwölf oder eins (anzunehmen ist, dass sie nach dem Essen noch spült). Ab dann aber widmet sie sich ihren Hexenangelegenheiten, bis sechs Uhr in der Früh am nächsten Tag.

Ich mache den Test »Sind Sie typisch deutsch?« in einer populären Frauenzeitschrift. Die Fragen, die ein britischer Autor konzipiert hat, sind witzig und beweisen, dass er die Deutschen ziemlich gut beobachtet hat. Am nächsten Tag frage ich einen Freund, was er meine, wie der Test bei mir ausgefallen sei. Bin ich »sehr deutsch«, »ziemlich deutsch« oder »nicht so deutsch«? »Na, sehr deutsch«, sagt er wie aus der Pistole geschossen. Bin ich das? Oder bin ich ihm nur nicht polnisch genug – mal vorausgesetzt, er wüsste, was das zu bedeuten hat. Bei manchen Antworten habe ich kaltblütig geschummelt und diejenigen angekreuzt, von denen ich wusste, dass der Brite sie als »richtig«, also »deutsch« vorgesehen hatte. Allerdings musste ich mich bei manchen fragen, warum sie in seinen Augen besonders deutsch erscheinen. Vielleicht meint er mit »deutsch« einfach »nicht britisch«. Wie sonst wäre es zu erklären, dass die »richtigen« Antworten genauso richtig wären, wenn der Test »Sind Sie typisch polnisch?« hieße? Abgesehen vielleicht von der Frage, ob das Autowaschen am Samstag typisch deutsch sei, denn das ist einfach typisch deutsch. Aber schon die Sache mit dem »heiligen« Sonntag beschränkt sich sicher nicht auf Deutschland – auch in Polen ist der Sonntag »heilig«. Meine christliche Großmutter stopfte an dem Tag nicht mal in Not Strümpfe, in dem Dorf, in dem wir unsere Ferien verbringen, wird am Sonntag kein Holz gehackt und keine Wäsche gewaschen. Keine wehenden Bettlaken auf der Leine an diesem Tag und vor allem keine Rasenmäher. Ich bin froh um den »heiligen« Sonntag, der Deutschen wie Polen kostbar zu sein scheint.

In einem sind die katholischen – und plötzlich kapitalistischen – Polen aber inkonsequent: Man kann sonntags überall bei uns einkaufen. Im katholischen Bayern bleiben die Geschäfte dagegen geschlossen. Auch als Nicht-Kirchgängerin genieße ich in München die Atmosphäre eines Sonntagvormittags mit Glockengeläut und dem Anblick spazierender Menschen, die sicher nicht einkaufen und sich deswegen mit einen ganz anderen Gang als sonst fortbewegen. Wie anders schmeckt der Wochenendkuchen, wenn man weiß, dass man den nur am Samstag backen kann, da am Sonntag eben nicht schnell vier Eier oder eine Tüte Mehl zu holen sind. So ein Samstagskuchen, der für am Sonntag geschlossene Läden steht, zwingt einen innezuhalten, zu genießen, was man hat, und zwar jetzt. Das – von mir selber – belächelte Ritual »Kaffee und Kuchen« bedeutet nicht nur Schlemmerei, es ist der reine Zen mitteleuropäischer Ausprägung, Meditieren mit Reden und Mampfen, Entsagen der Gesetze des Effizient-Seins. Auch wenn so eine Kaffee-und-Kuchen-Verabredung niemals ohne einen exakten Terminplan zustande kommt. »Bei älteren Damen niemals später als um fünfzehn Uhr«, hat mir einst ein guter Freund, ein wilder Rocker, eingeschärft. Auch die Rocker in Deutschland kennen das Prinzip von Kant und Mann: Kreativität ist gut, wenn man sie strengen Regeln unterordnet.

Wenn auch sowohl die Unpünktlichkeit als auch ihre Schwester, die neue deutsche Lockerheit, manchmal meinen inneren Spießer zu Tage fördern, der sich darüber aufregt – manchmal freue ich mich doch über sie. Nichts wirkt so erfrischend auf selbsternannte Deutsche-Spezialisten, die sich gerne unter nichtigen Vorwänden zu sarkastisch geäußerten Klischees hinreißen lassen (»Du gehst bei Rot über die Kreuzung? In Deutschland?!«). Es ist eines der sichtbaren Zeichen, dass die Deutschen doch anders sind, als man zu wissen meint. Regt sich jemand von meinen ausländischen Gästen über eine nicht funktionierende Rolltreppe oder einen fünf Minuten zu spät kommenden Bus auf, sage ich so leicht und locker, wie es nur geht: »Ja, so sind sie, die Deutschen.«

Literatur

Asserate, Asfa-Wossen: *Draußen nur Kännchen*, Scherz, Frankfurt/M. 2010.

Badinter, Elisabeth: *Der Konflikt. Die Frau und die Mutter*, übersetzt von Ursula Held u. Stephanie Singh, C. H. Beck, München 2010.

Bourdieu, Pierre: *Der einzige und sein Eigenheim*, übersetzt von Jürgen Bolder, Franz Hector und Joachim Wilke, VSA, Hamburg 2002

Brach-Czaina, Jolanta: *Szczeliny istnienia*, Państwowy Instytut Wydawniczy, Warszawa 1992; alle hier auf Deutsch zitierten Passagen übersetzt von Agnieszka Kowaluk.

Brandys, Kazimierz: *Briefe an Frau Z. Erinnerungen aus der Gegenwart 1957-1961*, übersetzt von Caesar Rymarowicz,

Volk und Welt, Berlin 1965; zitiert nach Żyliński, Leszek a.a.O.

»Brigitte«: *Sind Sie typisch deutsch?*; http://www.brigitte.de/kultur/lifestyle/typisch-deutsch-1176032/

Bronfen, Elisabeth: »Ein Mythos wird demontiert«, in: literaturkritik.de, Nr. 10, Oktober 2001.

Bürgin, Alexander / Hogrefe, Jürgen: *Angst vor Polen*, spiegel.de, 13.08.2001

Büscher, Wolfgang: *Berlin-Moskau. Eine Reise zu Fuß*, Rowohlt, Reinbek 2003.

Canetti, Elias: *Masse und Macht*, S. Fischer, Frankfurt/M. 1980.

Casati, Rebecca: »Furcht vor dem Pomp«, sueddeutsche.de, 17.5.2010.

Chołuj, Bożena: »Frauen, Frauenbild und ›Frauenfrage‹«, in: Dieter Bingen, Krzysztof Ruchniewicz (Hrsg.): *Länderbericht Polen*, Bundeszentrale für politische Bildung, Bonn 2009.

Dorn, Thea/Wagner, Richard: *Die Deutsche Seele*, Albrecht Knaus, München 2011.

Duve, Karen: *Anständig essen*, Goldmann, München 2012

Faiola, Anthony: »Germany's frugality bemoaned for inhibiting euro zone growth«, washingtonpost.com, 28.2.2010, deutsch nach: Ralf Streck: »Ist Deutschlands Sparsamkeit schuld an den Problemen?«, in: heise.de, 04.03.2010.

Fletcher, Adam: *Wie man Deutscher wird*, übersetzt von Ingo Herzke, C. H. Beck, München 2013.

Gall Anonim: *Kronika Polska*, [Gallus Anonymus, Cronicae et gesta ducum sive principum Polonorum], Zakład Narodowy im. Ossolińskich, aus dem Lateinischen ins Polnische übersetzt von Roman Grodecki, Biblioteka Narodowa, Wrocław 2003.

Gervinus, Georg Gottfried, zitiert nach: Jakob Grimm und Wilhelm Grimm, *Deutsches Wörterbuch*, Stichwort »Gemütlich«, http://woerterbuchnetz.de/DWB/?lemid= GG07731

Hacke, Axel: *Auf mich hört ja keiner*, Kunstmann, München 1999.

Hacke, Axel: *Ich hab's euch immer schon gesagt*, Kunstmann, München 1998.

Hartmann, Nicolai: *Ethik*, Walter de Gruyter, Berlin 1949

Herrndorf, Wolfgang: *Tschick*, Rowohlt, Berlin 2010.

Hofstede, Geert, aus: Nachweise international, http://
www.nachweise-international.de/single/article/fuenf-
minuten-vor-der-zeit-ist-des-deutschen-puenktlichkeit.html

Huhues, Pascale: »Ein Zwerg am Tisch«, sueddeutsche.de,
16.5.2013

Koch, Manfred: *Faulheit. Eine schwierige Disziplin*, zu
Klampen, Springe 2012.

Kracht, Christian: *Faserland*, dtv, München 2007

Krockow, Christian Graf von: *Die Deutschen und ihr Jahrhundert*, zitiert nach: Żyliński, Leszek: »Gemütlichkeit«, in: Ewa
Kobylińska, Andreas Lawaty, Rüdiger Stephan (Hrsg.): *Deutsche und Polen. 100 Schlüsselbegriffe*, Piper, München 1992.

Küstenmacher, Werner Tiki/Seiwert, Lothar J.: *Simplify your
life*, Knaur, München 2008.

Levine, Robert: *Eine Landkarte der Zeit*, übersetzt von Christa
Broermann u. Karin Schuler, Piper, München 1999.

Möller, Steffen: *Viva Polonia. Als deutscher Gastarbeiter in
Polen*, Scherz, Frankfurt/M. 2008.

Morgenroth, Hartmut/Kast-Zahn, Annette: *Jedes Kind kann
schlafen lernen*, Gräfe & Unzer, München 2013.

Nuss, Bernard: *Das Faust-Syndrom. Ein Versuch über die Mentalität der Deutschen*, übersetzt von Elisabeth Laye, Bouvier, Bonn 1993.

Orłowski, Hubert: »Stereotype der ›langen Dauer‹ und Prozesse der Nationsbildung«, in: Andreas Lawaty, Hubert Orłowski (Hrsg.): *Deutsche und Polen. Geschichte, Kultur, Politik*, übersetzt von Anreas Lawaty, C. H. Beck, München 2003.

Paech, Niko: »›Grünes Wachstum‹ gibt es nicht«, Interview, sueddeutsche.de, 17.1.2014.

Pessoa, Fernando: *Das Buch der Unruhe des Hilfsbuchhalters Bernardo Soare*, Amman, Zürich 2003.

Polanska, Justyna: *Unter deutschen Betten. Eine polnische Putzfrau packt aus*, Knaur, München 2011

Przyłębski, Andrzej: »Arbeitsethik und Unternehmergeist«, in: Andreas Lawaty, Hubert Ołowski (Hrsg.), *Deutsche und Polen. Geschichte, Kultur, Politik*, übersetzt von Agnieszka Grzybkowska, C. H. Beck, München 2003

Reymont, Władysław: *Das gelobte Land*, übersetzt von Alexander von Guttry, Dieterich'sche Verlagsbuchhandlung, Leipzig 1984.

Safranski, Rüdiger: *Goethe. Kunstwerk des Lebens*, Hanser, München 2013.

Scheler, Max: *Die Ursachen des Deutschenhasses*, Erstveröffentlichung: Kurt Wolff Verlag, 1917; Neuauflage: Superbia
Verlag, Leipzig 2009.

Schlögel, Karl: *Die Mitte liegt ostwärts*, Hanser, München
2002.

Schmidt, Helmut/Stern, Fritz: *Unser Jahrhundert. Ein
Gespräch*, C. H. Beck, München 2010.

Schwarzer, Alice: *Marion Dönhoff. Ein widerspenstiges Leben*,
Kiepenheuer & Witsch, Köln 1996.

Schwelien, Michael: »Wie man in Deutschland Kinder
erzieht«, in: Theo Sommer (Hrsg.): *Leben in Deutschland.
Anatomie einer Nation*, Kiepenheuer & Witsch, Köln 2004.

Skidelsky, Robert: *Wie viel ist genug? Vom Wachstumswahn zu
einer Ökonomie des guten Lebens*, übersetzt von Ursel Schäfer
und Thomas Pfeiffer, Kunstmann, München 2013.

Sofsky, Wolfgang: *Die Ordnung des Terrors: Das Konzentrationslager*, S. Fischer, Frankfurt/M. 1997.

Stasiuk, Andrzej: *Dojczland*, übersetzt von Olaf Kühl,
Suhrkamp, Frankfurt/M. 2008.

Stasiuk, Andrzej: *Unterwegs nach Babadag*, übersetzt von
Renate Schmidgall, Suhrkamp, Frankfurt/M. 2005.

Stasiuk, Andrzej: »Wild, listig, exotisch«, übersetzt von Renate Schmidgall, sueddeutsche.de, 20.6.2003

Sturm, Daniel Friedrich: »Gauck schwärmt vom Fleiß der polnischen Nachbarn«, welt.de, 20.11.12

Szarota, Tomas: »Der ›deutsche Michel‹«, in: Ewa Kobylińska, Andreas Lawaty, Rüdiger Stephan (Hrsg.): *Deutsche und Polen. 100 Schlüsselbegriffe*, Piper, München 1992.

Szymborska, Wisława: »Ein Wort zur Pornographie«, übersetzt von Karl Dedecius, in: Karl Dedecius (Hrsg.): *Panorama der polnischen Literatur des 20. Jahrhunderts*, Bd. »Poesie«, Amman, Zürich 1996.

Tacitus: *Germania*, übersetzt von Manfred Fuhrmann, Reclam, Stuttgart 2007.

Tokarczuk, Olga: »Kleine Polenkunde«, übersetzt von Olaf Kühl, *Die Zeit*, 15.4.2004.

Treichel, Hans-Ulrich: *Der Verlorene*, Suhrkamp, Frankfurt/M. 1998.

Twain, Mark: *Bummel durch Deutschland*, Piper, München 2006.

Unterstöger, Hermann: »Feuchte Geste des Respekts«, sueddeutsche.de, 27.10.2011.

Vinken, Barbara: *Die deutsche Mutter. Der lange Schatten eines Mythos*, Piper, München 2001.

Walczewska, Sławomira: Emanzipation und Handkuss, in: Ewa Kobylińska, Andreas Lawaty, Rüdiger Stephan (Hrsg.): *Deutsche und Polen. Geschichte, Kultur, Politik*, übersetzt von Agnieszka Grzybkowska, C. H. Beck, München 2003

Walczewska, Sławomira: »Matka gastronomiczna«, in: Pełnym Głosem 3/1995.

Werfel, Franz: *Zwischen Oben und Unten: Prosa, Tagebücher, Aphorismen, literarische Nachträge;* Erstveröffentlichung: Bermann-Fischer, Stockholm 1946; Neuauflage: Langen-Müller, München 1975.

Wilk, Ewa: »Zmęczeni kapitalizmem«, polityka.pl, 5.2.2014

Zudeick, Peter: »Die deutsche Sparsamkeit«, in der Kolumne: »So geht Deutschland«, dw.de, http://www.dw.de/die-deutsche-sparsamkeit/a-16368438, 9.11.2012.

Żyliński, Leszek: »Typisch deutsch? Zwischen Selbst- und Fremdbild«, in: Andreas Lawaty, Hubert Orłowski (Hrsg.): *Deutsche und Polen. Geschichte, Kultur, Politik*, C.H. Beck, München 2003.